美人之剑
西施

姜 越◎编著

郑州大学出版社

郑州

图书在版编目（CIP）数据

美人之剑——西施 / 姜越编著 . —郑州：郑州
大学出版社，2019.6

ISBN 978-7-5645-6265-6

Ⅰ．①美… Ⅱ．①姜… Ⅲ．①传记文学－中国－当代
Ⅳ．① I25

中国版本图书馆 CIP 数据核字（2019）第 076257 号

郑州大学出版社出版发行

郑州市大学路 40 号　　　　　　　邮政编码：450052
出版人：张功员　　　　　　　　　发行部电话：0371-66658405
全国新华书店经销
河南龙华印务有限公司印制
开本：710 mm×1 000 mm　1/16
印张：14.5
字数：191 千字
版次：2019 年 6 月第 1 版　　　　印次：2019 年 6 月第 1 次印刷

书号：ISBN 978-7-5645-6265-6　定价：49.80 元
本书如有印装质量问题，请向本社调换

前　言

　　西施作为中国古代四大美女之首,其特质可以用两字来概括,一个是"美",一个是"爱"。西施的美是抽象的美,是恰到好处的美。古代有很多词用来形容美女,但不管是"花容月貌"还是"闭月羞花",都不足以准确地描绘西施的美……西施的爱则体现在爱乡、爱国和爱族三个方面,她是女子,但她做到了以身许乡,以身许国,以身许族,不计代价地爱。

　　西施的美是倾国倾城的,"西施越溪女,出自苎萝山。秀色掩今古,荷花羞玉颜。浣纱弄碧水,自与清波闲。皓齿信难开,沉吟碧云间。勾践征绝艳,扬蛾入吴关。提携馆娃宫,杳渺讵可攀。一破夫差国,千秋竟不还。"这是大诗人李白对西施由衷的赞誉。绝色佳人易得,但真正成就美名者却寥寥无几,正是那段特殊的历史成就了西施的千古美名。所谓乱世出英雄,英雄爱美女。

　　书中全面详细地讲述了西施一生的遭遇以及与多个男人周旋的爱恨故事。本书语言生动、活泼,简明通俗,图文并茂,把一代美女西施的生平、功绩、遭遇、历史评说等知识要点全面展示给读者。本书在深入挖掘和整理中华优秀传统文化成果的同时,结合社会发展,注入了时代精神。

　　对于西施的结局,历来也有不同的说法。有人认为她随范蠡归隐于五湖。西施和范蠡本来是情侣,后来西施为了救国,两人只能为国牺牲自己的爱情。待到西施功成归国后,范蠡认为勾践可以共患难而不可以共安乐,建议西施随他一起逃走,归隐江湖,不知所终。因为有范蠡隐于江湖的传说,或许是后人不忍这位绝代佳人以悲惨的结局收场，就流传出西施和范蠡归隐五湖的美满姻缘的故事，以寄托对他们的同情。

在本书中，作者尽量收场考据历史记载，对于人与事，努力求其真实，再以小说的语言来组织和加工。书中主要人事发展，大致上与当时史实相吻合。

"巾帼红尘" 系列

美人之剑——西施

目 录

第一章　浣纱美人，乱世遇贵人

　　纯真善良的绝世美女西施在烽火连天的春秋战国吴越战场，被迫放弃与范蠡的爱情，完成多少男人都难以完成的兴越灭吴的复国重任。一个乱世佳人、两个春秋霸主演绎宫廷旷世绝恋，历史上最为悲壮的美人计，人世间最为凄美的情中情，民间里倾国倾城的纯情女，史册中四大美女的第一人。

第二章　宫深似海，诱敌"美人计"

　　沉鱼落雁，闭月羞花，中国古代最著名的四大美女都与政治、军事的大历史有关，而且其中至少有两位因美人计而名播天下。无论是戏剧还是实际的战争中，美人计都专指用美女去迷惑敌人以扭转对自己不利局面的计谋。赵国的美人计让吴国走向了毁灭。

第三章　吴王滥杀，英雄难过美人关

　　西施没有用什么阴谋诡计，没有挑拨离间，甚至都没有争风吃醋，她只是做一位本分的美女。吴王的纵情滥杀让国家彻底走向了毁灭，但这并不是西施的过错。

第四章　甜蜜陷阱，勾践大胆攻吴

　　西施在悠扬的乐曲中，翩跹起舞，婀娜迷人，进而训练礼节，使夫差如醉如痴，沉湎女色，不理朝政，终于走向亡国丧身的道路。勾践的计谋获得了成功，这是西施的功劳，更是勾践的精明。

第五章　终成眷属，西施完美归宿

自古红颜多薄命。西施本是农家女子，只是因为天生丽质，做了越王政治斗争中的工具，事成之后，"兔死狗烹"，也是情理之中的事。至于西施到底是随范蠡归隐五湖还是被沉江底，只能由后人自己评说了。

附录

后记

第一章

浣纱美人，乱世遇贵人

纯真善良的绝世美女西施在烽火连天的春秋战国吴越战场，被迫放弃与范蠡的爱情，完成多少男人都难以完成的兴越灭吴的复国重任。一个乱世佳人、两个春秋霸主演绎宫廷旷世绝恋，历史上最为悲壮的美人计，人世间最为凄美的情中情，民间里倾国倾城的纯情女，史册中四大美女的第一人。

西施浣纱，初见范蠡

西施在13岁那年第一次见到范蠡，当时的西施已是落落大方的美女。她云鬓蓬松、秋水映人、唇红眉黛、亭亭玉立、楚楚动人，经常穿着自织的鲜红罗衣行走于诸暨的大街小巷。不管到哪里，上至士大夫，下至老百姓，有认得西施者，不认识西施者，均对她百般喜爱。西施和郑旦同年，郑旦比她大半岁，西施艳丽，郑旦清雅，她们都有艳光照人之魅力，两人朝夕相见、无话不谈。郑旦的父亲是村里的一名郎中，郑旦经常背着篓子到深山中去采草药，西施有时也陪她一起去。她到了山上，就会去山民那里坐坐，听他们谈经讲道，对于古来的圣人贤士，她都有所耳闻。她经常听到范蠡、文种二人之名，却从未记在心上，更没有料到有一天会和范蠡互生爱意，成为当时有名的一对情侣。

范蠡身高八尺，身材颀长，眼如明月，飘逸中带着一股豪爽任侠之气。文种比范蠡大两岁，长相英俊不凡，和范蠡一样是出身贵族的子弟，两人都未婚配，没有成家立室。当时的越国，虽然疆域狭小，国力薄弱，可是全国上下君民团结一气，又刚刚打败了强大的吴国，正是发展生产、加强战备的时刻。一天清晨，正是秋高气爽的季节，范蠡骑马出游，诸暨的大街小巷他都熟悉，有时也陪同勾践出城打猎，他早就听闻有个苎萝村，是个神山秀水的世外桃源之所，今天任随战马自由驰骋，反正没有个明确的目的地。马慢慢地走出了城门，穿过一道山坡、几处田园，来到了一个房屋错落有致，充满花香鸟语的村落。此地阡陌相间，禾田丰茂，路旁树高遮阳，气息清凉怡人，如入画境，他一时被美景迷住了，竟忘了驾马，刚好看到前面有两个少女走过，他跳下马，走上前恭谦地问道："请问二位姑娘，此处可是苎萝村？"

他问的人刚好是郑旦和司琴，她们一群女孩子刚从若耶溪浣纱归来，只剩下西施一个人尚留在溪边。郑旦初见范蠡，见他气宇轩昂，衣着华贵，就判断出了他非平凡人，不是出身贵族，就是朝内高官，于是带着笑说："正是，此地正是苎萝村，不知公子所寻何人？"

范蠡听郑旦如此说，释然一笑，说道："我并非寻人，只是久闻苎萝村乃天府之所，今番寻来，只为游玩，没别的目的。"

郑旦听他的口气，不由猜出了什么，于是又说："听闻国内有两名楚国来的大夫，一位叫范蠡，一位叫文种，曾辅佐越王打败了吴国，你认识此二人吗？"

范蠡笑着说："在下正是范蠡，姑娘既知在下的名号，不知姑娘贵姓？"

郑旦说："我叫郑旦，你就是范大夫？这是头一次来我们苎萝村吧。我家就在前面，不知愿否到寒舍小坐？"

"多谢姑娘一番好意！"范蠡说，他正想把马拴住，好一个人到处走走，于是说，"我想把此马寄于姑娘家中，等走时来取。"

"那好，你跟我来吧！"郑旦说，她抱着手中浣好的纱，和司琴告别后，带范蠡到她家门前，有一株碗口粗壮的乌桕树，范蠡把马系于树干上，并向她道谢，一个人走到了若耶溪边。若耶溪流水潺潺，秋光明媚，因为清早雾气未散，故而溪面水汽朦胧。他沿着一条小径走了半里，看到前面有一处天然地石台，几米宽的石台有如白玉雕塑成，溪水清澈见底，他一时兴起，想到溪边洗一下脸，就在此时，只见水面中央有一个亭亭玉立的姑娘，头上挽着双环发髻，面如芙蓉，眉如柳叶，秋水为神，冰肌玉骨，穿着纯白色的罗裙，姑娘手中抱着被水冲走的纱，身体半掩在若耶溪中，看那姑娘的神态，似乎未曾有一丝惧怕，她的膝盖浸于溪水中，正一步一步地走到他的面前。范蠡一时呆了，这姑娘的面容，他未曾见过，可她的神韵和表情，却是十分熟悉。他看到了放在台上的竹篮，里面有她浣过的纱，因看到岸边的溪水回旋不停，于是蹲下来，伸出手想拉她上来，哪知姑娘并未抬头正视他一眼，更没有接过他援助的手，一抬脚就上来了，此人正是西施，她因为今天要浣的纱特别多，所以走得最晚，偏偏今天水流急了，不小心白纱被水冲走了，只好跳进溪水中把纱布捡回来。她站在溪水中的时候，人与溪面上迷漫的雾气融成一体，背后掩映着墨青色的山峦，还有层出不穷的芦苇和浮萍。在范蠡眼中，就如一位天仙翩跹地从天而降，爱慕之意油然而生。而西施却并不曾察觉，她上了岸，用手拧干了打湿的裙子，想马上回到家中把裙子换了，她还以为范蠡不过是来到苎萝村的外人。在如此荒郊野外，怕人见了说闲话，所以对他视若无睹。临走之前，她悄悄地抬头瞟了一眼范蠡，此时，心中一动，她从未见过如此英俊的男子，两人双目相对，都有似曾相识之感，有一句诗可形容这场面：金风玉露一相逢，更胜却人间无数！

"姑娘！"这句话范蠡差点情不自禁地喊出口，等他意识到今天所见之人肯定就是他今生所寻觅之人时，西施已经走出几十米远了，他对西施的一见钟情，就如西施对他的一见倾心，范蠡当时已24岁，并未曾娶妻，连称心如意的女子都未曾遇到过，而西施却只有13岁，不过她看起来没这么小，范蠡当时就打定主意，想问得她的姓名和住处，好日后登门拜访。

西施只是装作不知，她走在前面，不久便回头，果然看到了刚才所见之人尾随她而来，她心中在暗喜，她遇到了今生所爱慕的男子，他看来并非是普通人家的子弟。她走进家门，把浣过的纱晒在竹竿上，就见范蠡走过来，站在她的身后，西施又回头，见他站着不走，于是说："你有何事？"

范蠡是一个睿智敏捷的人，他也察觉到了西施的心思，他的性格向来豁达大度，于是大方直接地说："在下范蠡，越国的大夫，请问姑娘贵姓？"

　　西施听了不由一惊，心中的话脱口而出，说："你就是范蠡！我叫西施，久闻范大夫大名，不料今天有缘相见，你来苎萝村何事？"

　　"我来苎萝村并无目的，不料偏偏幸遇西施姑娘！"范蠡笑盈盈地说，他此话说得太直接，西施听了，不由脸腮通红，她一跺脚，就转过身去，继续晾纱布，范蠡见她不说话，于是又说："我头次来到此地，算是客人了，姑娘难道不请我坐？"

　　西施进了屋，对他说："请范大夫进来坐，只是我家太简陋，除了父母外，还有一个兄长，去年就应征当兵去了，你是我们越国的大夫，听说越国前年跟吴国打胜仗了，越国连年征战，民不聊生，我们村里的男丁，都被拉去充军了，战争不停息，人民何以安生？"她泡了一杯茶，端给了范蠡。范蠡见她举止娴雅，言谈不俗，更是喜爱，于是说："现在正是兵荒马乱之时，国与国之间兵戎相见，人民自是怨声载道，各个诸侯国都想称霸于天下，吴国如果不是想当霸主，怎么会来攻打越国？我们越国只是反抗罢了，牺牲士兵是在所难免，先有国后有家，越国要是亡了，苎萝村再美，也不再是安身之所了。"

　　西施听了，更是忧心忡忡，她说："越国只是一个小国，怎么会是那些强国的对手？战争带来的灾难，搞得上下人心惶惶，何时是尽头？"

　　范蠡说："国之将亡，妖孽升天！谁败谁赢，冥冥中自有定数，虽然越国弱小，吴国强大，纵使越国取得小小的胜利，说不定明天也会败于吴国。西施满腔爱国之心，令人敬佩！"

　　西施苦笑道："我一介女流，就算爱国，又能起什么作用？

范大夫运筹帷幄，冲锋杀敌，救越国于危难中，西施确实心生敬佩。"

范蠡喝完茶，站起来对西施说："我住于越王宫殿中，我们日后再相见并不难，你如果要来找我，恐十分不便，我这有玉佩一块，赠予你，范蠡有心，日后自然再来见姑娘！"他于腰间剑上取下了一块翡翠玉佩，赠予西施。两人情投意合，心心相印，西施得到他的深情表露，自是万分感动，她把玉佩握于手心，有些羞涩地说："西施乃一介浣纱女，自小生于苎萝村，从未与外界男子有所接触，今感恩范大夫不嫌西施贫贱，错爱于西施，西施愿等范大夫功成名就，不管何年何月，如果范大夫还记得西施，西施愿报效范大夫终身！"

范蠡听了，不由爱火燃烧，他牵着西施的手，会心地笑了，温柔地对她说："今天范蠡本来是无意出游，我还有一匹宝马，寄于村前一位姑娘家中，范蠡不能久留，越王如有事，必会来寻我。"

西施送范蠡到了村口，范蠡到郑旦家里牵回宝马，两人挥手告别，西施望着范蠡骑马消失在树林里，眼光一直留恋不舍。郑旦看见他们才相识半昼就真情流露，打趣说："西施，我从未见你如此爱过一个男子，这位范大夫，可是我们越国有名的大夫。所谓千里姻缘一线牵，等哪一天范大夫前来迎娶你，你就要飞上枝头当凤凰了！"

郑旦的话，正中了西施的心思，于是将对范蠡的一腔爱慕之意，全告于郑旦。两天后，范蠡又前来苎萝村，并带来了好友文种，文种先前闻知范蠡被一个山野村女所迷恋，自是万分不信，但亲眼见到西施后，也赞叹不已，称西施乃越国第一美女，西施的父母见女儿被范蠡看中了，自是万分赞成，又担忧西施乃贫民女子，范蠡乃当朝重臣，两人是否会像其他人所想的一样美满幸福呢？三个月后，士大夫范蠡和民女西施相爱的事在越国家喻户晓，甚至连越王勾践和王后姬玉都知道了。

吴越交兵，被围会稽

范蠡回到会稽，就投入繁忙而紧急的政事军事之中。

越王勾践这些天正为来自吴国的威胁而心中不安。吴越二国分别地处江苏与浙江，由于历史的原因，互相攻伐不断。勾践即位之后，兵事仍在继续，互有胜负。一会儿吴兵打到了越国的槐李，一会儿越兵又靠近了吴国首都姑苏。越国大夫灵姑浮曾率兵大胜，吴王阖闾被戈击中，伤重而亡。吴王夫差即位重整军威，天天在长洲讲武，收了一员勇将伍员，在太湖勤于练兵。到范蠡任上大夫时，实力的对比发生了变化。吴强越弱，弱难御强。

越王勾践为防止强梁侵侮，一日与夫人一起，招大夫范蠡、文种商议，准备做出必要的策应。勾践提出吴王逞凶，侵越疆界的问题，因为怨结兵连已20余载，夫差今有吞噬越国的意念，让他们各自提出拒敌的谋略。

范蠡与文种的想法是相同的，都认为不应畏惧吴国的势大，尽力去讨好并不能避免战祸。当今需要高筑城、深挖河，做好防御工作，还应行仁修德，加强自身的力量。勾践和夫人很赞同他们的看法。范蠡与文种还提出寻找机会贿赂吴国的伯嚭，单剩一个伍子胥的力量也就薄弱了。如果这样，胜败还未可知，而越国人士多豪杰，定会守土御敌，做出自己的贡献。勾践夫妇的担忧稍得化解。

事实上与此同时，吴国上下也在做出重大的决策。吴王夫差抱着"威行海外三千里，霸占江南第一都"的野心，若干年中一直在扩大军备，号称有水师十万，兵器也十分充足。而他为了支持军事上的大举动，在经济上也颇费苦心，掘山煮盐，打鱼浚水，重商兴农，做到货殖地殷，物尽其利。首都姑苏繁盛得很，号称"日暮歌钟四壁，春风花柳千门"。四方人士纷纷前来，夫差的后宫姬妾成行，最著名的有十二人；他的食客不会少于三千人。这一日夫差升帐，百官在相国伍员、太宰伯嚭的率领下前来参谒。

伍员，字子胥，本是楚国人，腰大三围，身高一丈，除了有武艺，还深有韬略，怀抱耿耿忠心，立志要干出经国大事。他在故土怀父兄之深仇来投吴王，获得重用，率领吴军攻进楚国的郢都，把楚平王的尸体从墓中挖出来，重重鞭打了三百下。他为了报答不得志乞食时给自己饭吃又投水而死的浣纱女子，在濑水边投下百两金。如今他居于相位，自认为是万里孤臣，一心扶保夫差，要完成直捣会稽的历史使命。伍员开门见山奏道："越人勾践有犯于先王，留下了深深的积怨，是我们吴国的大仇人。如今粮草已经完备，将士个个精强，不趁这样的好时机征剿，还等什么呢？"

夫差实际最信任的还是长有一张生花妙嘴的太宰伯嚭，便很重视地问："太宰，你意下如何？"

伯嚭是不会放过施展自己口才的机会的，猜度夫差的用意后说："主公登宝位未久，国泰民安，边患刚有停歇，正该朝欢暮乐，哪里还有时间遣将发兵？一旦交战，胜败未卜，臣以为暂时不可。"

伍员不等夫差表态，抢着说："太宰差矣！吴越有不共戴天之仇，主公雄威，将士盖世英豪，合力同心，此去征战必能摧枯拉朽，旗开得胜。我以为捣越巢，擒贼首如探囊取物，怎么能说此时不可呢？"

这一番铿锵有力的话语，煽动了夫差的野心，立即决定明日吉辰，校场发兵，直奔会稽而去。伯嚭见自己的主意没有被采纳，对伍员更怀有敌意，准备伺机报复。

伍员作为吴军的主帅，心怀要改变忍耻抱羞的局面的决心，做好了一切准备，竖起猎猎军旗，恨不得几天就杀到越邦。他提兵十万，势如破竹，不多久就来到越国屏障的萧山西陵渡。此地范蠡曾筑城，防御很是坚固。

范蠡没日没夜在西陵守卫，也动员了一些百姓，严阵以待。只是兵力不足难以久守，总有捉襟见肘之感。在讨论御敌方案时，范蠡与文种产生了分歧。文种提出敌我双方的强弱已经形成，不如趁夫差营垒未定，实行掩袭攻击，达到寡可敌众的目的，以弱胜强。他是主张决战而生存的。而范蠡则持另一种主张，认为众寡不敌，只宜深沟高筑，以逸待劳。一月以后，敌方粮尽兵疲，一定会自己退兵的。勾践同意了文种的看法，决定兵马萧萧，倾朝出战。范蠡与文种都忠心耿耿为越国，也都很有才能，但各有偏重，司马迁在《勾践世家》中曾评价二人："兵甲之事，种不如蠡；镇抚国家，蠡不如种。"如今勾践选择了文种不擅长的军事策略，加快了越国的灭亡。

越国上下在战争中表现得非常英勇，但力量对比悬殊，且吴兵锐气正盛，其结果可想而知，越兵死伤甚众，接连打了几仗，越国的兵马只有十之二三得以留存，狼狈地逃过钱塘江去。伍员不给对方喘息的机会，亦连夜赶上，包围会稽城，力图将越国灭亡。

被吴军围困的会稽城显得非常寂静，听不到战鼓声，越国的军旗东倒西歪，百姓呼儿喊女，不时传来哭声，一片惨败气象。只有蹲伏的士兵与一些流动的哨兵还坚守在岗位，显示城池尚在越国的掌握之中；但经过几次征战，他们也盔甲不整，脸有倦色，有的人的手足还流着鲜血。

在被围困的第三天傍晚，勾践看着昏黄的落日映照着死气沉沉的城池，不由得感喟声声，大声叹息。他已有一天没有吃任何东西了，但腹中并没饿的感觉，走了两个城门，看到城外气势汹汹的吴兵，布置了一番，便回到西门的帐篷。此时一叶弯月正升上天空，加上近处的哭喊声，更衬托出凄凉的气氛。

勾践把同样没吃过饭的范蠡、文种叫到身边，未言先哭，说不出话来。范蠡劝说主公振作精神，勾践才定下神来说："二位大夫，勾践并不是不想做有作为的人主，很想奋飞于云霄，谁知遇到如今的打击，落得兵败被围，困守在会稽城中。越国有两千年的历史，数十世的根基，谁知却要败到我的手中。面对这样的厄运，我愧于立身于世，即使到了黄泉也无颜见前王。"

文种劝说："臣启主公，猛兽离山，尚且有网罗之患，巨鱼失水，也能受到蝼蚁的欺凌。现在主公初次受到困辱，是因为我们所定计谋不甚合适，也是上天对我们的考验。在这样的时候只有一往无前才能改变逆境，万不能有退走求死的念头。况且越国林林重重，方圆有六百里，我们的将士还有千人之众，尚可以决一死战。越国人不会束手待擒，白白地被杀害的。"他讲得十分悲壮。

范蠡却是另一种说法："我们不能不考虑如今严酷的现实，找出适当的办法。我听说伍员勇冠三军，夫差雄视四方，锐气正盛。以越国败弱的实力要抵御新兴的吴邦，失败是可能出现的事情。如今切实可行的做法是国内坚壁清野，让吴军得不到充分的供给，久而生疲，另派使节前去谈和，让他们不再进攻，此法看似退缩，实为上策。"

勾践有些不以为然地说："这不是太让人看不起？羞煞人也！如今究竟是求和还是决战，必须要慎重考虑，为了社稷安危再不能出错了。"

文种继续阐述自己的看法："只有死战才能出现侥幸。我们不能把脑袋白白送给别人，为臣子的受越国的俸禄，在必要时必须捐弃生命，马革裹尸，名扬青史。"

范蠡说话没有文种那么慷慨激昂，但说理更为透彻："如今周围吴军杀气腾腾，不如派使者去求和，礼要厚，出言要谦恭，让他们相信我们求和是发自真心。在此同时施展离间之计，买通奸佞，让夫差不信任忠良之臣，静以待变。到了适当的时机，才能把越国山河重整。"

听了范蠡的办法，勾践被说服了，他自责说："寡人德劣才庸，造成如今的艰难。要去求和，应当怎样实行？"

范蠡胸有成竹地说："除了社稷山川别的都是多余之物，一切决断均以越国最大的利益为取舍。求和时可以用自身与妻儿为显示真诚的标志，甘为吴国奴仆，用卑逊的言辞离间其左右，让夫差更加好大喜功，绝贤用佞。几年的工夫，吴国的国势就会衰微，越国才有兴盛的可能。"

这一番话使文种觉得有些道理，但他还担心伍员谋略盖世，贤智过人，不会中计。范蠡说："对夫差来说，近小人而远君子是有可能实现的。现在不要马上去见夫差，当务之急是贿赂伯嚭，让佞臣得到满足，在君臣间、众大臣间制造矛盾。如果这一步能够实现，我们的目的就达到了一半。"

文种是个聪明人，又有从善如流的品行，便主动请命备办礼物，去买通伯嚭。勾践求之不得，马上同意。

话分两头。吴国太宰伯嚭是个吃不得苦的人，攻城辛劳早有点受不住，这一天军事稍闲，便一人在那里饮酒。他心想会稽久围不下，不知何时是个头，而越国若被攻下，相国伍员的功劳不小，自己的权势地位必然受到影响。他是个险恶之人，舌枪唇剑、奴颜婢膝、狐假虎威、妒贤嫉能无所不通，怎么能容忍这样的局面出现！他边饮酒边思考如何想个办法加以改变。

军士来报越国使臣文种深夜来见，有要事相告。伯嚭命军士不要声张，让文种独自来见。文种手持礼单，见了伯嚭纳头便拜，伯嚭命他抬头，两人一见面，伯嚭勃然大怒说："原来是你，前日阵上，说我含羞忍耻的可是你？"文种没有抵赖说："不敢。"伯嚭说："说我不忠不孝，奸佞立朝的可是你？"文种又说："不敢。"伯嚭说："既然如此骂我，为何还要来见我？"说着就要把文种赶出去。

伯嚭话音未落，文种抢着说："阵前答话，各为其主，不足为据。大人休怒，文种有好心献上。"伯嚭这才稍稍改变了颜色，命侍女与军士退下。

文种有点讨好地说："小国寡君勾践，感太宰恩德，无以为报，特遣小官备些礼物，稍表寸心。"说着把礼单呈上。伯嚭边接边笑着说："你那越王老儿，也晓得感激我？"一看礼单上写着黄金五千两，锦缎五千匹，白璧十双，大喜说："远劳厚意，请起。"

紧接着伯嚭眉头一皱，对文种说："厚礼必有厚图，到底想让我帮着做何事？"文种说："寡君受吴国大王、太宰许多教训之恩，愿携其妻女，率其陪臣，亲到吴国。越国愿年年进贡，岁岁来朝。为恐大王见弃，先让小官拜上太宰，望乞成全。"

伯嚭说："原来为此，倒也说得恳切。免去君臣一死，受些礼物也是理所应当的。"文种本怕伯嚭有变，见他变了语气。便接着说："只要保得越国宗庙社稷，今天送礼只是开个头，金银珠宝当源源不断孝敬太宰，礼单上所列还不是全部，另有两名美女候在帐外，正等候太宰过目。"

伯嚭为文种设座，二人对面而谈。伯嚭说："虽然吴王与勾践结下深仇，但你我作臣子的还是朋友，以义气为重。你们既信得过我，凭我三寸不烂之舌，必保你越国社稷不残。你们君臣要及早来到吴地，不要拖延，迟则有变。来的时候要注意只可往会稽山的山前，那里是我的防区，中午时分主公必先到我营，只要主公应允，伍员从山后赶到，也难以改变。"

伯嚭一一检点礼物美女之后，派人暗暗把文种送出营，让他回归会稽城。

鞍前马后，忍辱负重

周敬王二十九年七月，越王勾践夫妇和范蠡入吴为奴已三年。

三年来，他们囚居石室养马，忍辱受苦，过着非人的生活，真是一言难尽。勾践平时割草养马，每逢吴王夫差外出，就为夫差当马夫，鞍前马后，走街过市，羞得他都想钻到地下去。越王后每天提水洗马厩，一遇吴王高兴，还要为夫差唱歌跳舞，甚至还蒙耻陪寝一夜，也曾想一死了之。他们这样做都是为了保全越国宗庙社稷，免遭杀头之祸，以图日后东山再起。

夫差见勾践君臣甘居石室，割草养马，洒扫马厩，擦拭车辆，为他牵马从不懈怠，毫无怨言。又见范蠡、越王、越后在这样的困厄和污贱中，竟能始终保持君臣、夫妇之礼仪，这使他很受感动，所以采纳了伯嚭的奏请，拟择期释放勾践君臣三人回国。

正当勾践君臣三人沉浸在即将苦尽甘来的欢乐时，不料夫差听了相国伍子胥的力谏，又决定不放他们回国了。

那天，伍子胥对夫差说："大王，早先夏桀把商汤囚起来而不杀，殷纣将周文王拘禁而不诛，却纵而归之，结果夏亡于商，殷亡于周。勾践为人，阴柔莫测，而又有范蠡、文种等智谋之士忠心辅佐。勾践一旦回国，犹如猛虎归山，蛟龙入海，苍鹰归天，势必重整旗鼓，报囚居石室三年之仇，到那时，我们悔之晚矣。为报先王榜李之仇，为保吴国江山，勾践非杀不可！"

经伍子胥这么一说，夫差真的犹豫了，准备择日问斩勾践。

当勾践获知这一消息时，简直是晴天霹雳，他怆然涕下，连声道："我不想活了，我不想活了！"

向来苦劝越王忍耐的勾践王后，此时也绝望得泣不成声，道："我们夫妻一起赴死吧。"

范蠡不仅毫无惊乱，反而胸有成竹地劝道："大王、王后不必悲伤，我们回国不是无望，而是大有希望。"

"明天我的头就落地了，还说什么大有希望！"越王悻悻道。

范蠡分析道："伍子胥一心想杀我们，但他为人过于刚直，太刚必折，过直必蹶。夫差很畏惮他，由畏而疏，由疏而离，由离而疑，疑则不信。因此，他越主张杀你，夫差越不会杀你。伯嚭那边，已经收了我秘密送去的大量金钱与美女，一定会替我们讲话。他为人狡猾聪明，而多智略，善于婉而曲，工谗而善媚。媚则为人所喜，喜则亲，亲则信，信则会。所以，他主张放你，终究会被夫差采纳。目前夫差之所以既不放你，也不杀你，是因为对你的'忠心'还有怀疑。一旦他真的相信了你的'忠心'，就会放你回去了。"

范蠡的这段话，使勾践夫妇在绝望中重新鼓起了活下去的勇气。

第二天上午，有个武士进来说："吴王病了，今天不必准备车马伺候了。"

"越王回国的时机到了。"范蠡笑笑说。

"此话怎讲？"越王不解道，"你莫非是说夫差病情不妙，我们可以趁机回国？"

"不。夫差不能死，他若死了，我们肯定活不成了。"

"那你怎么说我们回国机会到了？"勾践越听越糊涂。

"大王不要焦急，到时听我安排就是了。"范蠡心藏玄机，不肯明讲。

吴王一病三个月不起。范蠡自告奋勇，说他会治好吴王的病，如果治不好，情愿被处死，吴王答应了。范蠡由伯嚭和勾践陪同，来到吴王病榻前。

范蠡望了望吴王的舌苔，摸了摸他的脉搏，又问了夫差的饮食便溺的情况，然后说：“大王此病，内结于烦恼，外感于五气，阴阳失调，时热时冷，饮食不下，汗禁不出，便溺艰难。如果不治疗，恐怕就有生命危险了。”

一位深知吴王病情的贴身宫女也附和着说：“范先生对大王症状讲得真准。原来几个医生来看，都说得不准，吃了他们的许多药，总是不见好转。”

“那是因为他们没有对症下药，因此大王的病越来越沉重。幸好吴王恩准我今天进来视诊，不然就迟了。”

范蠡开了一帖药方给伯嚭，吩咐道：“大王今天吃了这一帖药，明天上午卯时就会舒通粪便。通便之后，要由一个对大王忠心耿耿的人，亲口尝其粪便气味后，告诉我，我再开出处方。吃了第二帖药后，大王的病就全好了。”

伯嚭听了，为难地摇摇头道：“这倒是一件难事了，这种污秽的事，谁会愿意干呢？”

在回到石室时，勾践迷惑不解地对范蠡说：“你开药方还要人先尝粪便，这可是闻所未闻的怪事。病人的粪便，看一眼都会呕吐，别说是用口尝了，我也认为，此种臭事是没有人愿意干的。”

“正因为没有人愿意干，你才有机会，让夫差坚信你对他忠心耿耿，放你回国！”范蠡微笑道。

勾践听后惊愕了。他由惊愕而愤怒，由愤怒而伸出鹰爪般的双手，向范蠡的脖子扼去。

“你这个狡猾的家伙，勾践不肖，也曾南面为君，怎能蒙此奇耻大辱，为人尝粪？你到底安的什么心？我先扼死你再说！”

范蠡没有后退，没有挣扎，没有反抗。他早料到勾践会有激烈的反应，却没想到强烈得欲置他于死地。正当他感到窒息难受时，突然听到一声呼唤：“大王，你放手，来扼死我吧！”

越后已跪在地上，紧紧抱着勾践的双腿，泪如泉涌。

勾践被这一喊吓呆了，他垂下了双手，哭丧着脸，一言不发地愣在那儿。

范蠡从袖子中取出一粒药丸，放在勾践面前，道："尝粪前，先含在口里，既避粪臭，又驱粪毒。"

"大王，让我代你去尝粪便吧！"越后哭求道。

"王后，你尝倒不如我尝，问题是，这件事你我都代替不了的。"范蠡冷静地分析道，"大王，有一句古训：'谁能忍人所不能忍之忍，方能为人之所不能为之为。'我苦心设谋，无非是为了让夫差坚信你对他忠心耿耿，早日放你回国，以图日后越必灭吴之大略。我已经尽到了一个臣子所应尽的责任，我似乎可以离你而去了。"

范蠡摸了一下仍在隐隐疼痛的脖子，转身而去。他认为，既然勾践对他不肯听信，又下此重手，已经到了"君无道，志士可去之"的地步，他何必像伍子胥那样，死忠不走呢？

"你回来，我答应尝粪！"勾践终于想通了，他高声喊叫着。

吴王夫差吃了范蠡的一帖药后，果然次日上午卯时通了粪便。

伯嚭便询问宫内有谁愿意尝粪，竟没有一个人站出来。伯嚭想到他自己，他什么事都可以为吴王做，唯有这样事，实在没有勇气表示忠心。

吴王目视围在他身边的亲信重臣，个个低头，面如土色，双手发抖，却无一个愿意在这紧要关头为他挺身而出，他顿时觉得有一抹悲哀的阴影从心头掠过。

吴王正处于悲哀失望之际，忽听到勾践在寝宫外请求道："罪臣勾践，承蒙大王活命之恩，无以为报，情愿口尝大王粪便，以表一点忠心，万望恩准。"

勾践立即获准进宫。他强自镇定地俯伏在便桶口，手取吴王的粪便，伸出舌头，连续吃了三口。

吴王的一班亲信重臣，有的深觉恶心，不禁皱起眉头；有的则深感滑稽，掩鼻窃笑。

勾践强抑住满腔的厌恶，脸上挤出了笑容，抬头拱手道："恭喜大王，大王之病，不出三日，就痊愈了。"

"何以知之？"夫差问道。

"罪臣闻范蠡说，夫粪者，谷味也，顺时气则生，逆时气则死。今罪臣尝大王的粪便，酸中带苦，苦中有酸，正说明身上毒气已出，转危为安。如有对症药物一帖，明天便可起床走动。罪臣祝大王龙体康健，寿比南山。"勾践说完连连叩头，碰地有声。

吴王夫差一时感动得热泪盈眶，他想站起来，但身体虚弱，只好欠着身体道："勾践贤弟请起，你对寡人的一片忠心让我心悦诚服。我病愈上朝之后，一定放你们君臣返回越国。从今天起，你们君臣就住进客馆去，不必再回石室了。"

勾践记起范蠡对他的交代，叩头道："只要大王龙体健康，罪臣情愿终生侍奉大王左右，尽犬马之劳。"

吴王吃了范蠡开的第二帖药后，只睡两夜便好了，第三天便起来上朝，裁夺已经积压了三个月的朝政大事。

伍子胥得知此事，又来朝见吴王，问道："你已经决定释放勾践回越国吗？"

"是啊。"吴王夫差点头道。

"大王，勾践内怀虎狼之心，外做委婉之貌，甘言示忠，负辱求生，他尝你的粪便是吃你的心。勾践是万万不能释放的。"

"伍太师，寡人病了三个月，险些丢了性命。一个人只有一次生命，活我生命者是范蠡，尝我粪便者是勾践。而不是我至亲的王子或至爱的王后，也不是天天喊万岁的宫廷上下，更不是我尊之为父的伍太师。一个连我的生死都不屑一顾的人，叫我怎能相信他的话都是为吴国，而没有一点为他自己呢？释放勾践回国，已有许诺在先，你要让我失信于天下吗？即使勾践将来叛变，我也不悔今天释放他的决定，请太师不必多言了。"

夫差说完，便自行离座走进了内殿，发呆的伍子胥一个人被扔在大殿上。

雨雪的日子过去了，早春，江南柳草青葱。

在钱塘江上，十二艘战船擂着鼓，徐徐地向南岸前进。

一艘有彩饰的楼船行驶在最前面，舵手渐渐地增加速度，船上尊贵的乘客却有些心慌，他渴望着的土地已出现在面前，可是，一种羞涩的心理却使他胆怯，反而希望船行慢些，延迟一些时日再和故国的江山相见。

他，越国的君王，自从尝过夫差的粪便后，很快获得吴王夫差明令释放，又在姑苏住了一个半月，才被送回自己的国土。

现在，故国在望了，可是，他躲在船舱内，垂着头，不敢看外面的情景。

突然，一阵急鼓，后面十二艘战船中的一艘，疾驶上前。吴国的大夫王孙骆站在船头大叫："越王保重，船到中流了，我要回去复命。"

"君王，君夫人——"范蠡叫着正在沉思着的夫妇。

于是，他们两人沉重地站起来，走出船舱。

"越王保重，我回去复命了。"王孙骆看到他们，又说了一遍。

勾践诚挚地向这位护送自己的大夫拱手致谢，并说："多谢大夫相送，并请向大王一定致敬——勾践有生之年，一定报答大王的恩德。"

鼓声继续地响了三次，吴国的十二艘战船就在钱塘江中流回航了。此时，越王看到了南岸的烟树，怦然心动，双手紧捏拳头，大叫起来："天啊——我回来了！"

这时，越国的君夫人已经泪流满面。

"上苍保佑，江山无恙……"勾践向着江南低语。范蠡也从船舱走出来看望南岸——那并不是他的故国，可是，这总是他的旧地呀！

"少伯！"勾践把一只手搭在他的肩上，深沉地说，"我真没有面目见我的人民——"

"大王会得到全越国人民的爱戴。"范蠡噙住眼泪。

"我们从头来，少伯，你得帮我！"他说，那只手加重了气力。

范蠡含着眼泪现出微笑，示意他的君王不要在船上谈未来的事——因为，船上还有吴国的人在。

于是，三人都缄默了，看着南岸……

南岸，八艘小型的战船驶出来，迎接他们的大王……

于是，楼船徐徐地靠拢……

"大王归国了，大王回来了！"江岸上一片呼喊。

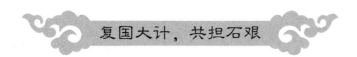

复国大计，共担石艰

勾践回来了，这时的他已非三年前的勾践。他体验了人间从至尊到至贱的生活，把人生从上而下，又从下而上地体验了一遍。但他记忆最深的还是三年入吴为奴的生活。他以前只知道在朝廷上骂人、杀人，现在他体会到了被骂，甚至，差点被杀的感觉。他学会了扫地、喂马，学会拍马屁，看吴王的脸色，学会了一个奴隶该会的一切，还尝了吴王的粪便，像一条狗一样。他的耻辱传遍天下，他的余生要为洗刷这段耻辱而活。

他也知道从另一个角度来看问题，他懂得了去尊重别人。

看着荒芜残破的宫殿，他不想修缮，只是草草收拾一处，一家人住下，看着王后雅鱼，看着太子鹿郢，他像一个农夫一样容易满足。他把大量的宫女遣散回家，让她们见自己的父母，去嫁人生子，未来的越国需要战士。勾践穿粗布衣服，不浪费一粒粮食，也很少吃肉，还亲自下地干活，王后雅鱼也率领着女眷纺纱织布。

勾践不喜欢听一切花言巧语，他不要歌颂赞美。是他，将一个正常的越国变成一个吴国的附属国，他要再把越国变成一个独立的越国。他焦虑的是自己的余生应怎样完成这个使命，他哪有时间再把精力花在女人身上，花在听大臣歌功颂德、游山玩水上呢？

原来大王可以做得这么简单，简单得像一个农夫。

他最爱见的就是文种和范蠡。

文种把这三年的情况向勾践回禀。老百姓慢慢可以活下去了，但无数的家庭只有老人、妇女和小孩，中青年男人战死了，生活特别困难。这三年，越国人是在吴国军队的监视下生活的，贫困且没有尊严。

勾践回来时，夫差把大部分吴军撤走了，但越国重要的地方还由吴军把守。

越国为了向夫差和伯嚭进贡，就像一头瘦弱的奶牛，吃着枯黄的草，挤出雪白的奶，去喂养急于称霸的吴国。

勾践感到越国的夜晚是那么温馨，不像吴国的夜晚那么令人提心吊胆。这里有悠远的犬吠，有孩子的欢笑，有母亲的眠歌。

一只熊胆正吊在饭桌上方，勾践饭前要去尝一尝。这苦味，提醒他别忘了三年入吴为奴的屈辱生活。

勾践吃过晚饭在等范蠡。

范蠡来了，正要拜见，勾践连忙阻拦。

"范爱卿，这不是在朝廷，是在寡人家里，那些礼节可以免了。"

"大王，深夜召见微臣，不知何故？"

"寡人回国几个月了，沉思了几个月。如何重振越国，寡人想听听你的意见。"

"大王，阴极而阳，阳极而阴。越国衰弱到了极限，会阴极而阳，而吴国会阳极而阴，但越国战胜吴国还需要一个漫长的过程。"

"需要多久？"

"二十年左右。二十年分前后两个阶段，前十年兴旺人口，搞好生产；后十年，搞好教育和军事训练。所谓'十年生聚，十年教训'。吴国仍然虎视眈眈地监视着我们，过早急于发展军事，会招致吴国的惩罚。只有先把经济搞上去，再悄悄发展军事。对外，一方面暗中联络吴国的敌国，设法孤立吴国；一方面要大力支持吴王称霸中原，并加剧夫差和伍子胥的矛盾，除掉伍子胥。"

勾践向范蠡身边挪了挪。

"你讲详细一点。"

"鼓励人口生育，成年男女必须婚配，否则将其父母治罪。不允许出现老夫少妻或老妻少夫的情况，这不利生育。多生孩子，国家给予奖励。"

"嗯，寡人已将宫女放归民间。"

"大王圣明。越国要发展经济，首先，要抓好农业生产，同时搞好多种经营。农业生产只能解决吃饭问题，搞好多种经营，老百姓才能富起来，国家才能富起来。"

"越国可以发展哪些副业？"

"越国多水，可以发展养鱼业，会稽山下就有两个有名的大池塘，可以在那里养鱼。此外，还可以养狗、养鹿、养鸡和养猪。楚国的养蚕业比较发达，可以从楚国那里引进这方面的技术。此外，越国多山，可以兴建伐木场。越国靠近大海，可以发展盐业，设置盐官。还有一个重要的行业那就是冶金业，越国盛产铜、锡等矿产，未来需要大量兵器，需要冶金业的大发展。"

"范爱卿，可以把你以上思想写成书册，供朝廷执行吗？"

"臣可以做到。但要写成此书，我还要请教我的老师。"

"你老师是谁？"

"计然。"

勾践大惊。

"计然也来到越国了！有你二人名师高徒，我越国定能复兴。"

"范蠡是个懒散之人，具体实施，可由文种大人来办。这方面，文种大人远胜范蠡。"

"范爱卿和文种大人互为引荐，共同努力，是我越国之福。互相团结，国家才能兴旺，这让寡人想起齐桓公手下的鲍叔牙和管仲。反观吴国，君臣相左，同僚相猜。那么，如何更进一步离间夫差和伍子胥？"

"夫差和伍子胥在对待北进问题上意见一致，在对待越国问题上分歧极大。伍子胥倚老卖老，夫差年轻气盛，两个人在个性上也有冲突。我们可以给夫差献上美女，消磨夫差的身心和意志，这必然会加剧他和伍子胥的矛盾。伯嚭一心想置伍子胥于死地，想独占吴王的宠信，可以进一步离间他们的关系。"

"你是说对吴王实施美人计？"

"是的，臣曾去过苎萝山，访得一民间美女，名叫西施。此时，她应该已经长大成人，可以寻来献给夫差。臣也可以借机探访民间疾苦。"

"好，你快去准备。"

这时，王后雅鱼亲自做来夜宵给两人享用。

君臣二人，又说些国内事务……忽然，听得一声鸡鸣，不觉天要亮了。

那年冬天，范蠡写成《范子计然》一书，献给勾践。

越王勾践每天上午去田间劳作，下午和晚上处理国家大事。这一天，勾践刚从田间爬起来，见到一个出殡队伍。

死者是一位老人，抬棺材的也是一些中老年人，没有什么哭声，只有一个小男孩哭泣着。勾践立刻看明白了，他上前替下一位年龄较大的人，抬起棺材。

勾践与农夫无异，只是气质上大不一样，别人也没有觉得什么奇怪的。

埋好死者，众人欲归，只是那小男孩不肯回家，勾践安慰说："小孩，回去吧，死者不可复生。"

"我父亲战死，母亲改嫁，祖父把我一手带大，我们祖孙相依为命。祖父死了，我就没有家了。今晚，我就睡在这里。"

"没有别的亲戚了吗？以后怎么生活？"

"没有别的亲戚了。"小孩眼泪汪汪。

"愿意去我们家吗？"

"不愿意。"

"为什么？"

"我去过母亲家，她的孩子老是欺负我。"

"这个，你不用担心。我没有小孩，就去我们家吧。"

小孩无助地望着勾践，又回头看看祖父的坟。

小孩抹了抹泪水，跟着勾践走了。

走不多远，有人向勾践跪报："范蠡求见大王。"

小孩觉得勾践身份很奇怪，问道："你是当官的吗？"

"不，我是越国的罪人。小家伙，你叫什么名字？"

"郑思椒。"

"为什么叫这么个名字？"

"我父亲死于夫椒之战，是祖父给我起的名字，让我不要忘记吴国的杀父之仇。"

勾践上前抚着思椒的头，说："君子报仇，十年不晚，长大后做一个越国的大丈夫。"

勾践回宫，把思椒交给雅鱼。

"夫人，这是一个战争孤儿，养着他吧。"

"大王，我和宫女整天忙着养蚕织布，哪有时间照顾小孩啊？"

"我们今天辛辛苦苦，无非是让越国人抬起头做一个堂堂正正的人。这个小孩叫思椒，父亲在夫椒之战中战死，成了一个孤儿。稍加培养，日后，他就能成为灭吴的勇士。成就任何事业，关键是人，我们要后继有人。"

"大王，我明白了。"

"等他稍微大一点，我会把他交给范蠡，把他训练成一名杰出的战士，甚至将军。"

范蠡见到勾践。

"大王还亲自耕作，这太辛苦了。"

"其实不然，劳动可以增强体质，身体还更好些，下午和晚上办公会更有精力。寡人亲自带头干活，是想鼓励民众，增加越国的粮食产量。等国家粮食有了一定的储备，我想免去一些老百姓的赋税。不亲自干活，哪里知道百姓的艰辛呢？文种大夫真是见解独特，寡人问他治国的秘诀是什么，你猜他怎么回答？"

"治国安民，我远不及文种，不知文种大夫有何高见？"

"他说治国的关键就两个字：爱民。这两个字，寡人以前也曾听过，就是听不懂。寡人做了三年吴王的仆役，一下子明白了百姓的艰辛。其实，百姓要求很低，有饭吃，有衣穿，社会安宁，如此而已。当今天下，各国君主，扩军备战，视百姓如草芥，老百姓怨声载道。民怨则不与君王同心，君民不同心则国无力。"

"文种大夫认为如何才叫'爱民'？"

"不剥夺人民的爱好，使他们获得利益，少用刑罚惩处。当今天下，许多国君扩充军力，滥征苛捐杂税，引起民怨。遇到人民反抗，又施以严刑峻法。这样一来，政府虽得到一点好处，但失去了民心。一遇到内忧外患，民心背离，必然国破家亡。"

"寡人觉得文种大夫抓住了治国的根本。你也曾说，治国要舍末求本。这'爱民'就是国之本吧。"

"大王圣明。我刚刚从海边回来，越国的制盐业开始大规模地兴办起来了，除了满足本国人民需要，我们还可以出口。发展军力，必然要用钱，无商不富，越国的商业还要大发展。"

"你秘密训练军队的事怎么样了？"

"正在进行。我们要重塑越国军队的军魂：爱国至上，视死如归。而且，大王，为了准备以后的战争，我们要重修王城。"

"我们时时在吴王监视下，做事很难啊。"

两人正说话，一个人大模大样地走了进来。

"勾践听旨。"勾践慌忙跪下。

"上王有问，越国悄悄操练军队，有何意图？"

"罪臣勾践回国以后，时刻反省，不忘上王恩德，有限的一点军队，是供地方治安所用。"

"伍相国也听说，你亲自干农活，住着破旧的宫殿，连肉也不吃，遣散宫女，安抚百姓。如此励精图治，意图何在？"

"罪臣冒犯上王之后，越国人民生计艰难，勾践所为，正是反思罪责，重新做人，不负上王所托。"

"你的这些话，我可以相信，但不知上王和伍相国能否真正相信。"

"罪臣勾践会派特使向上王解释，还请你回到吴王身边，多多美言。"勾践吩咐人厚赂吴国使者。

使者满意地走后，勾践还是忐忑不安，向范蠡问计。

"范爱卿，吴王这么严重地怀疑我们，怎么办？"

"吴国国内紧紧盯着越国的人是伍子胥，我们要大力争取吴王，继续利用伯嚭，孤立伍子胥，让他们继续内讧。"

"如何争取吴王？"

"让我出使吴国，把越国的军队献给吴王，取信吴王。"

勾践大惊。

"我们好不容易训练的一点军队，还要献出去，寡人心有不甘啊。"

"大王，这是以退为进。"

"也只有如此了。"

"我们把精锐部队留下，带一支一般的军队过去。"

"这样做，吴王不是又要怀疑我们的诚意了吗？"

"大王放心，我自有办法。"

范蠡带着一支两千人的越国军队，向姑苏进发。

吴王接见。

"大王，罪臣范蠡拜见。"

"范蠡，上次一别，已有好几年了，你和勾践都还好吧？"

"承蒙上王恩德，我们都很好。这次，越王派我向上王献上越国的军队，以示越王归附的诚意，以助上王开疆延土，争霸中原。"

夫差在越国的部队前面转了好几圈。

"这部队里有不少老弱之人。"

"回大王，我王冒犯上王之时，越国青壮年大多战死。只有征召这些老弱之人，供维持治安所用。"

"勾践诚心可嘉。我留下一半较为强壮的，其余的你带回去吧。"

"谢大王。"

"听说勾践励精图治，不是要报吴国之仇吧。"

"我王励精图治，是为大王北进中原准备人力物力，只要大王需要，我王会全力以赴，大王可以眼见为实。"

夫差大笑。

"大王，过不久，文种还会派人带上几千民工，赴吴国帮助修建运河。"

"好。寡人不是为难你们，吴国人多嘴杂，寡人也有为难的地方。"

"大王，听说有人指责我王不吃肉，亲自耕作，说这是图谋不轨。我王请求大王允许重修王城，住好一点，吃好一点，这样不会遭到指责了吧？"

"修个坚固的王城干什么？"

"只修内城，供越王一家享用，至于外城，面对吴国的方向，不建城墙，以示对越国永远的臣服。"

"你们先修吧。"

"谢大王。"

范蠡走后，吴国朝廷开始了争吵。

伍子胥说："大王，勾践这次献上部队，据臣所知，是迫不得已，而且所献皆老弱之人，勾践有所保留。"

"伍相国，寡人多次提醒你关注中原，勾践的一举一动都在寡人的监视之下，你要相信寡人。"

"大王，臣观察人，从人的本性出发。勾践三年入吴为奴，而今，时时受吴国监视，他绝不会甘心。"

"这个，寡人知道。只要有一个强大的吴国在，勾践就没有翻身的时机。而且我们善待越国，越国即向我们贡献人力物力。我们不灭它，又获得仁德的好名声，一举两得。"

"大王所言极是。臣担心吴国一旦出了事，勾践还会那么听话吗？"

伯嚭进言："伍相国，怎么老是诅咒吴国有事呢？"

伯嚭话音未落，越国使者求见。

"大王，我王得知吴国修建运河，人力不够，特派遣三千民工，听候调遣。"

夫差大喜，说："我们这么无端地怀疑勾践，有些小肚鸡肠了吧。"

伍子胥无话可说，拂袖而去。

范蠡回到越国，面见勾践。

"大王，夫差看不上我们送过去的部队，只留下一千人马。我们示弱成功，而且，他同意我们修建王城。"

"范爱卿，寡人得你，如鱼得水呀，你好好休息一下。"

"臣要去苎萝山寻找西施，我们要趁热打铁，把夫差送进温柔乡。北进和美女，是削弱夫差的两把利剑，缺一不可。"

第二章

宫深似海，诱敌"美人计"

沉鱼落雁，闭月羞花，中国古代最著名的四大美女都与政治、军事的大历史有关，而且其中至少有两位因美人计而名播天下。无论是戏剧还是实际的战争中，美人计都专指用美女去迷惑敌人以扭转对自己不利局面的计谋。越国的美人计让吴国走向了毁灭。

范蠡携西施、郑旦拜见越王勾践。

西施和郑旦没见过这种场面，站在那里，一时不知所措。越王勾践看着两位美女，也一时发愣。

经范蠡暗示，西施、郑旦才学着范蠡跪地下拜。范蠡说道："大王，臣访得两位美女，请大王过目。两位美人来自民间，还不懂得朝廷礼数，也不会歌舞，需要调教。"

"范大人，由你负责调教美人的事。先建美人宫，再聘请乐师调教。"

"谢大王。"

不久，美人宫建成，范蠡请来越国最好的乐师调教二位美女。俗话说，妍皮不包痴骨，这西施、郑旦聪明灵慧，进步很快。

范蠡一方面训练军队，有闲暇便去美人宫看看，他想看看西施。

爱情之于婚姻，犹如诗人之于愚汉，明月之于大饼。在爱情里，人是超越现实的，灵动的，富于诗意的。范蠡与西施不知他们隐蔽的爱情能归之于何处，但依然壮烈地爱着。这种爱，只有他们俩知道，只有他们俩懂，越是绝望，越是美丽。

范蠡来到美人宫，乐师起身恭立。

"范大人，请指教。"

范蠡用似乎平常的眼光望去，西施亦用平常的目光将范蠡的情意完全承下，两人在瞬间完成的爱的表达是春风与花枝的交流，颤动而过。

"你们先退下，我要一一检查她们的功课。"

乐师退下，郑旦和西施留下，西施像呆住了一样纹丝不动。郑旦看看沉默的范蠡，退下。

"先生想听我唱歌吗？"西施笑着问。

"当然想。"

"我学了好多卫国的民歌，我给你唱一首《木瓜》吧。"

西施载歌载舞："投我以木瓜，报之以琼琚。匪报也，永以为好也！投我以木桃，报之以琼瑶。匪报也，永以为好也！投我以木李，报之以琼玖。匪报也，永以为好也！……"

范蠡听着听着，不禁沉默无语。

西施看着范蠡，问道："先生为何无语？"

"被歌声打动了。我们如果是一对民间男女，你投我以木瓜，我报之以琼琚，青山下，流水旁，自由表达我们的爱慕，这是何等舒畅；而今，我们肩负越国的复兴之责，把这万千情感封在心中，何等煎熬。"

"先生不要这么想。西施是美人，天下人都知道；西施是一个独特的女人，只有先生知道。别人只看到我这张脸，先生却懂得我的心，西施知足了，西施不伤悲。来，我再为先生唱一首《伯兮》：'伯兮竭兮，邦之桀兮。伯也执殳，为王前驱。自伯之东，首如飞蓬。岂无膏沐？谁适为容！其雨其雨，杲杲出日。愿言思伯，甘心首疾。焉得谖草？言树之背。愿言思伯，使我心痗。'（我的丈夫真威猛，是一个邦国的大英雄。我的丈夫执长殳，做了君王的总前锋。自从丈夫东行后，我的头发乱如蓬草。膏脂哪样还缺少？为谁修饰我颜容！天要下雨就下雨，却出太阳亮灿灿。一心想着我丈夫，想得头疼也心甘。那里去找忘忧草？它就在屋北面。一心想着我丈夫，使我伤心病恹恹。）"

"西施，你才是这诗中的'伯'啊。你走了，我就要过上这首诗的生活了。我怎么了，好不容易见你一面，总是想不开心的事。"

"先生爱我，所以不开心。其实真正地拥有一个人，是拥有一颗心。拥有一颗心，才能真正拥有他。"

"西施，这个送给你。"

范蠡解下玉佩递过去，西施不解，范蠡解释说："你刚才不是唱'投我以木瓜，报之以琼琚'吗？"

"可我没有投给先生木瓜啊！"

"投了，在苎萝山下的河边。"

西施羞红了脸，接下玉佩，说："先生，要常来看我，我怕孤单。"

范蠡又看了郑旦的表演，走了。

公元前485年春天，西施和郑旦训练已成，将献于吴王。两位美女去国远嫁，心有留恋，请求越王允许她们一览家国，减轻日后的故国之思。

西施道："大王，民女就要离开父母之邦，难回故里。想再睹越国江山，日后身在异国，心有向往。"

"难得你们有这般爱国之心，那么郑旦你要去哪里？"

"民女想回苎萝山，探望父母亲人。"

"西施，你呢？"

"我就在会稽山走走。"

"为何不回去看看亲人？"

"民女远嫁，父母会来送嫁。民女以后去了吴国，越国就是苎萝，同胞就是亲人，现在看到什么都会亲切。"西施想把最后一点时光留给范蠡，范蠡心知肚明。

"好，这事由范大人安排。"

范蠡派人送郑旦回苎萝山，自己陪西施在会稽山游玩。

冬天，人们从外面往家里跑；春天，人们从家里往外跑。正是春光灿烂，去会稽山踏青的人三五成群，人们一时忘掉国家的屈辱，陶醉在大自然的美景中。

范蠡和西施换上便装，尽量不引人注意。

"先生，我这些年待在宫中，连春天都没有真正见到。天天唱歌、跳舞，学习宫廷礼仪，生活真是枯燥，远不及在苎萝山的日子。先生，此时又是春天，又有艳阳，真美，真好。"

西施采一束杜鹃花，在山涧流水间跑着。

"今年的春天和苎萝山的春天有什么不一样？"

"昔日的春天，是我赏春天；今年的春天，是春天羡我，我心中也开满了花。"

"西施，此言甚好！"

"先生这些年教我读《诗经》，跟先生学的。'不学诗，无以言'嘛。"

"那是鲁国孔子的教诲。不过，西施，你今天真是美得有些过分了，我都不知道该怎样来过这一天？"

"不要让任何人、任何事打扰我们，也许我们一生只有这一天。天下男女相爱，有人有相守一生之缘，有人有相守数年之缘，我们也许就只有这么一天。恋人都盼夜晚长些，他们能相亲相拥，而我们没有夜晚，只希望这白天长些。晚上，我们就要回到会稽，你做大将军，而我又要去那寂寞的美人宫。"

"西施，别这么悲观。没有你时，我为越王工作；有了你后，我为我们的未来工作。吴国灭亡时，便是我们相守时。"

"先生，西施长于民间，家境贫困，看到的不如意太多了，凡事都往坏处想。不管未来怎样，一定要过好今天，也许以后，我就要靠回忆今天来打发时光了。"

"西施，你悲伤起来也美。"

"先生，今天，你可以向西施提任何要求。"

范蠡一怔，抱住西施，心儿跳，鸟儿鸣，涧水流，他们活在人间之外了。

"先生上次抱我，还是三年前在苎萝山的小河边，那一抱，我回味了三年。此后，先生再也没有抱过我。今天，这一抱会不会让我回味一生？"

"西施，不会。我有信心打败吴王，只是担心时间太长。人生苦短，我们等不起。"

"只要能相聚，我的生命就有了意义。先生，吻我。"

两人长吻，西施的口香体味，让他贪恋。这一切，都是在恍恍惚惚之中进行的，就像饥饿之人，首先是进食，回味是吃饱之后的事情。

西施软了，站立不起来。

"先生，我想现在就做你的女人。"

"不，不，这是我的痛处，我的女人却要远嫁他人。"

"为什么？我们怎么就不能支配自己的身体？"

"因为越国太弱了，你太美了。"

"你不是天下最聪明的男人吗？你想一个办法，我要一次记忆度过异国的岁月。"

"西施，你冷静一点。我们今天不要，是为了以后能长相守。"范蠡的智慧就是比别人看得远一点。

西施缓缓地从范蠡怀中脱落出来，呆呆地站着。

"西施，你刚才说过，我们要把今天过好，不要想那些不开心的事。"

"我忘了，我是越王的礼品，可我也是一个活生生的女人。我不是一个东西，可我就是一个要送出去的东西。"

"西施，不要想这些。中午了，我们去山下吃点东西。"

"先生，我一点都不饿，只要先生在我身边。"

两人往深山走，碰上一些手持鲜花的游人出山。

忽见路边一屋，中有神台，台上放着签筒。

"先生、小姐，抽个签吧。"有人招呼。

西施回头看着范蠡，范蠡用眼神示意她去抽一签。恋人之间的表达，语言实在是个下策。最动人的语言是眼神，西施那大而明亮，含情脉脉的眼睛，把范蠡带入了一个绵软无力、柔不堪言的世界。

西施跪在神台下，又回头看着范蠡，羞而柔地笑着，似乎要范蠡给她一个好运，给她信心。

西施抽出一支签，签文写道："经天纬地乱世间，倾城倾国故国远。自是红颜如花落，血雨腥风成佳缘。"

"先生帮我解释。"

"这是好签。"

"怎么讲？"

"我们终究能在一起，只是有很长时间要等。'自是红颜如花落'是说我们相见时青春已逝，'血雨腥风成佳缘'是说吴国灭亡之后，我们才能成就佳缘。"

"真的？可我多想把青春给你。"

"这是命，对于命，我们只有默默领受。"

"先生，那个时候，我还能这么漂亮吗？"

"西施永远漂亮，你现在是最漂亮的姑娘，然后是最漂亮的少妇，再后是最漂亮的老妇。"

"先生，你太坏了，哪有最漂亮的老妇？"

"难道老妇都一样丑吗？只要有美丑之分，西施就是最好看的。"

"先生，我们都来自乡下，都有淳朴的个性。老天把智慧给了你，把美貌给了我，我们互相倾慕。可我们错生在烽火连天的乱世。不说了，不说了，不说这不开心的乱世。希望我们相逢时，我还能给你生一个天下最漂亮最聪明的孩子。"

"西施，这山泉真清，山花真美。如果有那相聚的一天，你想到哪里去生活？"

"如果让我选，那当然是苎萝山！那里有我的父母和弟弟，我们生活在一起，多好。我不喜欢宫廷的争斗和人与人之间的算计，我喜欢浣纱、养蚕、做饭。"

"西施不爱富贵爱贫贱。"

"先生，富贵中有太多的虚伪和血腥。"

"人生好短，幸福太少。可就这一点点的幸福却构成人生的意义，有了这一点点的幸福，痛苦就有了价值。西施，你饿了吧，累了吧。"

"有先生，我可以三天不吃不喝。"

"西施，你疯了。"

"是的，我疯了，让我疯一次。先生，你就没疯吗？"

"我没有全疯。"

"先生是智者，西施是女人。女人一生一定会疯一次，疯一次就醒了。"

"西施。太阳偏西了，城里的钟声也响了。"

"我没看见，也没听见。在这山里，我是一个自由的女人，出了这山，我就是越王的礼物。先生，别让我出去。"

"我何曾想出去，我自小喜欢青山绿水，可是命运强迫我们出去。"

"我们真可怜，连山间的一只鸟也不如，先生再给我一个长长的拥抱吧。"

两人相拥，太阳偏西，山的影子罩着两个人。

西施忽然一惊。

"先生，我做了一个浅梦。"

"梦见什么？"

"梦见一条蛇在追赶我们，我被吓醒了。"

两人回到会稽城，又回到那个无奈的世界。

后来，范蠡忙于军务，好久没来了。不多久，西施就要出发，远嫁吴王。范蠡想再去美人宫看西施。

傍晚，西施靠在窗前，吟唱《草虫》："嘤嘤草虫，趯趯阜螽；未见君子，忧心忡忡。亦既见止，亦既觏止，我心则降。陟彼南山，言采其蕨；未见君子，忧心惙惙。亦既见止，亦既觏止，我心则说。陟彼南山，言采其薇；未见君子，我心伤悲。亦既见止，亦既觏止，我心则夷。"（蛐蛐嘤嘤叫，蚱蜢四下跳；不见君子面，甭提多忧愁。直到见着了，直到会着了，我心才平定。登上那南山，采集蕨菜苗；不见君子面，甭提多烦恼。直到见着了，直到会着了，我心才觉好。登上那南山，采集薇菜秧；不见君子面，甭提多伤心。直到见着了，直到会着了，我心才安详。）

忽然看见范蠡过来，西施迎上前。

"西施，你唱的是《草虫》？"

"先生也喜欢唱诗吗？"

"我最近太忙了。"

"忙得都不知道西施是谁了吧？"

"虽然很忙，晚上，我也爱唱诗。"

"先生爱哪一首？"

"《硕人》。"

"先生唱给我听。"

"手如柔荑，肤如凝脂，领如蝤蛴，齿如瓠犀，螓首蛾眉，巧笑倩兮，美目盼兮。"（手像春荑好柔嫩，肤如凝脂多白润，颈似蝤蛴真优美，齿若瓠子最齐整。额角丰满眉细长，嫣然一笑动人心，秋波一转摄人魂。）

"先生，你心中的美女是谁呀？"

"苎萝山打柴人之女。"

"我为你唱一首《君子于役》吧。"

"我喜欢这一首。"

"君子于役，不知其期。曷至哉？鸡栖于埘，日之夕矣，羊牛下来。君子于役，如之何勿思？君子于役，不日不月，曷其有佸？鸡栖于桀，日之夕矣，羊牛下括。君子于役，苟无饥渴！"（我的丈夫在外面服役，不知道他的服役期限有多久。什么时候才能回到家呢？鸡儿进窝了，天已经晚了，羊和牛从牧地回来了。我的丈夫还在外面服役，怎么能不想念？我的丈夫还在外面服役，遥远无期不能用日月来计算，什么时候才能又相会？鸡儿栖息在小木桩上，天已经晚了，羊和牛从牧地回来了。我的丈夫还在外面服役，但愿他不至于受饥受渴！）

"相思最难熬黄昏。"范蠡感慨。

"先生，你要回一首。"

"我唱一首《采葛》：彼采葛兮，一日不见，如三月兮！彼采萧兮，一日不见，如三秋兮！彼采艾兮，一日不见，如三岁兮！（那个采葛的姑娘啊。一日不见她，好像三个整月长啊。那个采萧的姑娘啊。一日不见她，好像三个秋季长啊。那个采艾的姑娘啊。一日不见她，好像三个周年长啊。）

"这是先生的心声吗？"西施羞怯地问。

"怎么不是？"

"报君缠绵意，我再唱一首《大车》：大车槛槛，毳衣如菼。岂不尔思？畏子不敢。大车哼哼，毳衣如璊。岂不尔思？畏子不奔。谷则异室，死则同穴。谓予不信，有如皦日。"（大车槛槛行驶急，身着青白绣毛衣。难道我不想念你？是怕你有顾忌。大车驶过响哼哼，身穿毛衣色如璊。难道我不把你想？是怕你不敢来私奔。活着分离不同房，但求死后同穴葬。倘说我话无凭证，上天有此红太阳！）

范蠡沉醉。

"先生，好听吗？"

"我心都软了，做将军的好像不能这么心软吧？"

"先生错矣，没有大爱不能成为大将军。"

范蠡一惊："你说得真好，为了亲人，有仁爱之心，这样才能成为大将军。有时间，我再来听你唱歌。"

"我就在美人宫等你来。最后为先生唱《丘中有麻》：丘中有麻，彼留子嗟。彼留子嗟，将其来施施。丘中有麦，彼留子国。彼留子国，将其来食。丘中有李，彼留之子。彼留之子，贻我佩玖。"（记住那土坡上一片大麻，那里有郎的深情留下。那里有郎的深情留下啊，还会见到郎缓缓的步伐。记住那土坡上一片麦田，那里有郎的爱意缠绵。那里有郎的爱意缠绵啊，还会与郎再来野宴。记住那土坡上一片李树林，那里记下郎的真情爱心。那里记下郎的真情爱心啊，他赠送的玉佩光洁晶莹。）

唱罢，西施又问："先生，我何时能整夜为你歌唱？"

"我日夜辛劳，就是想能永远听你唱歌。"

范蠡归去。

为了进一步腐化吴王，勾践派人到深山寻找楠木，准备献给吴王建造宫殿。伐木工人走遍高山大川，苦苦寻找。这些年，吴王夫差，在诸侯国间颇为春风得意。

公元前488年夏天，吴王夫差与鲁哀公在鄫地会见。

为了让鲁国人屈服，吴国人向鲁国人索要牛、羊、猪各一百头作为祭祀用品。

鲁国人子服景伯回答说："鲁国的先王没有做过这样的事。"

吴国使者说："宋国人对我吴国这么做了，鲁国不能比宋国差。况且，你们鲁国不是给晋国大夫范鞅牛羊猪各十一头吗？既然给晋国大夫各十一头，那么给吴王各一百头，不是符合情理的吗？"

"不，晋国的范鞅以势压人，违背礼节。吴国这么要求鲁国，则更是违礼了。"

吴国人不依从，鲁国还是无可奈何地给了。既然献上贡品，那鲁王就等于臣服了吴王。

吴王喜欢看见他国君王在自己面前纷纷低头。

吴国没把鲁国当成对手，晋国才是中原的老牌霸主，吴王想触犯它，但一时又不敢直接动手。最强的不能立刻征服，就拿次强的开刀，吴王夫差特别渴望征服齐国。齐国与鲁国关系历来不好，吴王利用齐国与周边小国的矛盾，时常敲打齐国。

公元前486年，吴王夫差率领鲁、邾、郯等国联军攻打齐国。

齐国震惊。

拥有权力、地位，就会被权力、地位所拥有。风光的背后是疲惫。吴王夫差时常感到劳累。驱赶劳累的灵丹妙药就是异性的爱抚，夫差后宫美女如云，但是，那是些一具具随叫随到的肉体，引不起夫差心灵的陶醉。

越王勾践看准了这一切，他要向吴王奉美女、献神木。

越国的伐木工人终于找到了楠木，越国最好的工匠在树身上刻上美丽的花纹，涂抹上丹青，嵌上白玉，饰以黄金。

越国献上神木，夫差见了欣喜若狂，他立刻下令重修姑苏台。

姑苏台本是吴王阖闾操练军队的地方，夫差要把它改造成供自己享乐的地方。

夫差向伍子胥下令："寡人要尽快见到天下最美的楼台。"

"大王，越国人送的这些木头，要耗去吴国许多人力物力。现在，大量的民工在修建邗沟，现在又要抽调人力物力重修姑苏台，这是越人的疲吴之策。"

"不，这些木头是越人臣服的灵魂。现在整个天下都在吴国的雄师下发抖，何必在意小小的越国。寡人发现你一生除了痛恨楚平王，就是勾践。寡人理解你痛恨楚平王，但为何不放过那个吴国附属国的国君呢？"

"大王，臣恨楚平王，那是家仇；臣恨勾践，那是国恨。在先王帮助下，臣了却了复仇心愿，当臣从楚国回来时，臣就不是楚国人了，没有一个楚国人还能认同伍子胥是楚国人。现在，吴国就是伍子胥的祖国。臣爱吴国，臣的子子孙孙还要在吴国生活，吴国不能灭亡。臣身负先王重托，不能辜负先王临终时那期待的目光。"

"吴国正成为天下最强大的国家，你总是诅咒吴国要灭亡，你居心何在？为臣之道在于忠君，但是，你总是和寡人唱反调。"

"如果大王把吴国带上正途，臣可以立即为大王肝脑涂地。夏桀的灵台，商纣的鹿台都导致亡国，这些都是前车之鉴啊。"

伯嚭道："你竟敢辱骂大王是昏君，该当何罪？"

夫差严厉地说："伍子胥，你如果还想在相国的位置上待下去，就赶紧去重修姑苏台！"

伍子胥退下，心意苍凉，他分明看到了吴国的前途和自己的下场。他要考虑安排儿子的去处，一个人再聪明，再能干，也抗不过命运的安排。每个人都有一个宿命，那就是他的性格。伍子胥要强、聪明，但他遇到了一个更要强、更固执的君主。伍子胥改变不了自己的个性，他做不了伯嚭，因此，他死定了。

伍子胥忠于吴国，伯嚭忠于吴王。生前，一个失意，一个得意；死后，一个会永垂不朽，一个会遗臭万年。权力可以一时凌辱真理，但终究掩盖不住真理的光芒。然而，伍子胥等不到真理修理权力的那一天了，历史上多少忠臣为了坚持真理却被权力杀害。在权力和真理不协调的时候，忠臣只有用死亡表明自己的志向，死得轰轰烈烈；小人像苍蝇一样活着，快快乐乐，春风得意，但却给历

第二章 宫深似海，诱敌「美人计」

史和后人带来一股腥臭。

夫差急功近利，渴望尽快看见姑苏台的落成，他要在此誓师，把吴国雄师从这里带往中原。无数的工匠在紧迫的工期要求下摔死、累死，姑苏台是一座吴国人的民怨台。

越王透露，还有厚礼在后面，两位训练有素的美女即将送到。夫差倒没太在意，他见过太多的美女。女人，那是他打仗归来时需要的发泄对象。打仗是他野心的发泄；女人，是他生理的发泄。几年过去了，西施出落得更加美丽。几年前，她只是一件玉石，而今，她已被雕琢成一块玉器。她依然有山村女孩的淳朴，却又学会了唱歌跳舞、宫廷礼节，她又多了一分高贵的气质。

西施、郑旦一行就要出发了。

越王勾践亲自为她们送行。

大殿之上。

勾践说："寡人要看看美人歌舞如何，礼仪如何。"

范蠡已做好安排。

有人宣："西施、郑旦为大王歌舞。"

郑旦一边跳，一边唱《瓠叶》："幡幡瓠叶，采之亨之。君子有酒，酌言尝之。有兔斯首，炮之燔之。君子有酒，酌言献之。有兔斯首，燔之炙之。君子有酒，酌言酢之。有兔斯首，燔之炮之。君子有酒，酌言酬之。（风吹葫芦叶乱翻，采来做菜可佐餐。主人藏有好陈酒，请客一尝杯斟满。几头野兔鲜又嫩，有煨有烤香喷喷。主人藏有好陈酒，斟满一杯敬客人。几头野兔鲜又嫩，有的烤来有的熏。主人藏有好陈酒，宾客回敬满杯斟。几头野兔嫩又肥，有的烤来有的煨。主人藏有好陈酒，宾主劝酒都干杯。）

勾践笑道："这是一首祝酒诗，很合此时情景。"

郑旦歌罢。西施载歌载舞，唱《鹿鸣》："呦呦鹿鸣，食野之苹。我有嘉宾，鼓瑟吹笙。吹笙鼓簧，承筐是将。人之好我，示我周行。呦呦鹿鸣，食野之蒿。我有嘉宾，德音孔昭。视民不恌，君子是则是效。我有旨酒，嘉宾式燕以敖。呦呦鹿鸣，食野之芩。我有嘉宾，鼓瑟鼓琴。鼓瑟鼓琴，和乐且湛。我有旨酒以燕乐嘉宾之心。（一群鹿儿呦呦叫，在那原野吃苹草。我有一批好宾客，弹琴吹笙奏乐调。一吹笙管振簧片，捧筐献礼礼周到。人们待我真友善，指示大道乐遵照。一群鹿儿呦呦叫，在那原野吃蒿草。我有一批好宾客，品德高尚又显耀。示人榜样不轻浮，君子贤人纷纷来仿效。我有美酒香而醇，宴请嘉宾嬉娱任逍遥。一群鹿儿呦呦叫，在那原野吃芩草。我有一批好宾客，弹瑟弹琴奏乐调。弹瑟弹琴奏乐调，快活尽兴同欢笑。我有美酒香而醇，宴请嘉宾心中乐陶陶。）

勾践欢喜："两位美人，貌美艺高人品端正。吴越两国如今友好相处，共享和平。你们此去吴国，侍奉吴王，是为越国造福。"

两位美人退下。

勾践对范蠡说："一路多加小心，两位美人的作用不亚于千军万马。"

"大王放心。到了吴国，由伯嚭派军队迎接。"

西施的父母弟弟，从苎萝山赶到会稽，给西施送嫁。家人哭了。西施的父母连连问范蠡："我们的女儿还能回越国吗？还能回苎萝山吗？"

范蠡沉默，他是世上最伤痛的送嫁人。

泪水涟涟，这是西施的泪，越国的泪。

范蠡从军中挑选出上百名武士，随行保护两位美女。

范蠡知道，伍子胥绝对痛恨这两位美女。

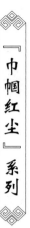

西施出山，大殿争锋

车队平稳而有序地朝吴国方向行驶着。由于西施和郑旦等越女入吴的消息不胫而走，会稽城万人空巷。此番西施等人入吴，激起了会稽人对吴国的强烈仇恨，谁都知道越女入吴意味着什么——将越国最美丽的女子送到吴国任人糟蹋，有点儿民族自尊心的人都会义愤填膺。

勾践大张旗鼓地为越女们送行，既让她们深感自己肩负重担，同时，也再一次加重了越人与吴人之间的仇恨。车马行至郊外，眼前是一片金黄的麦田。范蠡心潮澎湃，这是三年前二人定情的地方。

一阵轻风吹来，将车窗的彩帘掀起一角，在那一瞬间，范蠡和西施的目光恰好碰到了一起。两人目光交织，如清早春晖般清澈，却淌着深如秋水般的愁思。只一眼，就烙在彼此的心底。

明明近在咫尺，为什么却好像远在天涯。

西施收回了目光，低垂下头，双手放在膝盖的中间，刘海儿在额前投下阴影，眼睛似乎是闭起来的。风吹过去，窗帘落了下来。

应该是累了吧。

范蠡的心里微微有些心疼，像是一块锦帕被轻微地揉起来，再摊开后就是无数细小的褶皱。

马车一路颠簸，终于来到吴越边境，范蠡让车马远远地停下歇息。

西施与郑旦等人纷纷从马车上跳下来。眼前山花烂漫的景象，让她们暂时忘却了即将到来的一切，但也只是淡淡地沉默着，完全没有了往日姐妹一起的活泼喧闹。

时间像潮水一样慢慢地从每个人身上覆盖过去。那些潮水的痕迹早就在风中干透，只残留一些水渍，变幻着每个人的模样。

西施静静地站在马车边，表情黯然。不远处，吴国方向一行人正朝她们走来。

"大人，在下奉大王之命，来迎接越国美人，为美人梳妆打扮。"领头的宫奴带着骄傲和鄙视的神情对范蠡说。

范蠡不动声色，只是对他微微点了点头，就示意手下把越女们带来。

西施红颜素服，一身越国打扮。吴国宫女们带来了龙凤宝镜和锦缎吴服，请她梳妆更衣。一听说叫她换成吴国妆容，西施突然觉得十分委屈，内心的酸楚突然涌上心头，不禁蹙眉摇头说："龙凤宝镜难照我西施容貌，我要故乡的清清流水为我照镜，故乡的青青树叶为我梳妆。"

宫女们你看我，我看你，面面相觑，一时为难，上哪儿去找这清清流水和青青树叶呢？

这时，神奇的事出现了。只见从那山上走来一位拄着龙头拐杖、仙风道骨、白发银须的老者，他缓步走到西施面前，深深一揖说："姑娘，恕我送行来迟，我已替你带来了故乡的清清流水和青青树叶。"

说完，举起龙头拐杖向山下一指，只见一泓澄澈的湖水，清莹莹、亮晶晶，平静如镜；环湖四周，杨柳吐翠，桃花含苞。

西施被眼前出现的美景惊呆了，但仍没忘记对那神仙似的老人道谢："多谢仙人，知我西施一片乡心。"

她缓步下山，跪在湖边，望着一湖故乡的清水，双眉蹙蹙，泪如泉涌。泪水流进湖里，湖水立刻变得碧蓝，如绸缎一般。泪水洒在桃树、柳树上，千树柳枝，好似被西施悲切的离情打动了心，柳丝如串

第二章 宫深似海，诱敌『美人计』

串珠泪下垂；千树桃花，也像被西施深切的乡情打动了心，纷纷扬扬地直往下落，飘在湖面上，如同是在和西施挥泪告别。

望着千树桃柳，拂着满湖清水，西施噙着泪珠，喃喃低语："我要走了，我多想我的身影永远留在家乡的湖水里，可是不行啊，马上就要见不到了。"

白胡子老人突然说："西施姑娘，相信我，你美丽的身影，将使我钱塘湖千古生色！"说完，只见他渐渐向湖中隐去，不消片刻，就无影无踪。

西施有些恍惚地向身后望去，发现其他人都在各忙各的，并没有觉察到刚刚发生了什么奇怪的事，不由觉得很是神奇，当然还有一丝骄傲。

传说那位仙风道骨的老人竟是钱塘龙君，特地率领水国百族来为西施送行。从此，钱塘湖又被称为西湖，在桃红柳绿、风和日丽的日子，湖中常常会隐隐现出西施美丽的身影。

北宋年间，大诗人苏东坡来杭州做太守，一天雨后初晴，他酣饮湖水，不觉诗兴大发，刚吟出"水光潋滟晴方好，山色空蒙雨亦奇"两句，一时找不到恰当的句子，醉眼蒙眬中，突然一阵暖风吹过碧蓝的湖水，微波间闪起粼粼金光，映出了西施妩媚的容貌。苏东坡不禁赞道："好美的西施！好美的西施！"于是吟出了"欲把西湖比西子，淡妆浓抹总相宜"的千古名句。从此这钱塘湖带上了西子湖的美名，名扬四海。

当然，这些都是后话。

西施终于在宫女的帮助下完成了妆扮。上妆后的两只明眸更大更亮，双眸顾盼，眉间无限风情，光润玉颜，玉骨冰肌，双颊浅染薄花色，风情绝代。既融合了水的柔美，又不失火的热烈。纤腰不盈一握，弱柳扶风般的身姿，让人忍不住要将其揽入怀中。只那淡淡一笑，足以倾倒众生。

为她装扮的宫女看着镜中摇曳的美人，不禁心中暗叹：这区区败国之女，竟有如此惊人的美貌。这姿貌任凭是女子见了也要心动，更莫说男子。

西施并未发觉宫女的不对劲，直接掀开车窗上的彩帘，对外面的一个小侍卫说："我已经梳妆好，可以启程了。"

那小侍卫目瞪口呆地望着西施，天啊，从来没见过这么美的女人，是仙女吗？他竟然不自觉地低呼了出来，听到此言的其他侍卫也循声望来，所有人都忘记了手中的动作，争睹美人芳容。

看着似曾相识的场面，西施不自觉间的浅颦轻笑绽露出来，倾国倾城。

放下窗帘，片刻之后，传来出发的旨令。

气宇轩昂的吴王夫差坐在大殿之上，两侧坐着文武百官，相国伍子胥与太宰伯嚭靠着吴王，相对而坐。

西施看向吴王，一个极具帝王气质的男子，华丽得扎眼，却冰冷得煞人。如同一尊雕刻了千年的冰雕，冷静地坐在大殿上，冷静地绽放。看得出来，岁月在这个男人身上沉淀出的，只有雍容的气度与绝伦的风采。

范蠡沉着地宣读贡词："东海降臣勾践，感念大王不杀之恩，不能亲率妻妾服侍左右。遍搜境内，得善歌舞者数人，送入吴宫，以供大王差遣。"

此时的夫差刚刚从攻打齐国的战场凯旋，放眼东周列国，吴国国势正如日中天，夫差对于衷心臣服于他的越王还算满意。

他得意的笑声在大殿响起，殿上的百官们似乎消失了，无声无息。那股傲气像是在炫耀，宣布整个世界存在着的就只有他的笑声和那双骄傲的眸子。

范蠡示意身着吴国宫装的西施等美人向吴王款款施礼。

"奴婢拜见大王。"

吴王望向殿上的美人们，个个身形窈窕，面如桃花。其中一女尤为突出，柳叶弯眉，明眸皓齿，一个浅颦轻笑绽露，倾倒众生。

仿佛有一些微弱的光芒从这女子的身上散发开来，像在浓厚得如同海水一样的夜色里发出微波的光晕，她恭敬却不卑微地施礼，让人觉得总有一天她会在所有人的目光里光芒万丈。

夫差看到的女子正是西施。

满朝文武也被这些美人们迷住了神魂，都痴望着她们，禁不住心倾神驰。只有相国伍子胥依然冷眼旁观，洞察一切。

夫差淡然说道："勾践得此美女不自用，而进贡于孤王，确实忠心！"

伍子胥闻言突然跪倒，厉声喝道："大王，万万不可！"

"大王，自古以来，红颜祸水！夏桀因妹喜亡国，纣王因妲己亡国，幽王因褒姒亡国，如此教训，大王岂能视而不见？"

"如此说来，爱卿认为孤王会因这几个美人亡国吗？"

"微臣不敢，臣只是……"

"笑话！什么红颜祸水！都是些无能的人才用的托词！想我堂堂吴国，怎会毁于几个女人手里！"

"吾王圣明！"太宰伯嚭也叩拜道。

"臣恭贺吾王天降双喜！"伯嚭适时奉承着。

"何谓双喜？"

"回大王，一喜吾王凯旋，统一霸业指日可待；二喜勾践忠心，越女花容月貌，秀色可餐。"

"大王，万万不可啊！"伍子胥连声喊道。

"相国，您这话就不对了！"伯嚭不紧不慢地回击着伍子胥，"想我大王当日欲北上伐吴，您就全力阻拦，而今我王兵不血刃就臣服了齐国，让相邻的晋国也大为恐慌。现在眼看我吴国称霸在望，相国竟然又妄言亡国，真不知您是何居心！"

"你！"伍子胥气得长须颤抖，手指西施她们和伯嚭，"有尔等祸水和小人，我吴国后患无穷，亡国有日。先王有知，难以瞑目啊！"说完便拂袖而去。

伍子胥，果然不可小觑，范蠡想。

当初吴国太子病逝，先王来不及立储就在吴越交战中中箭身亡。临终前，把选立新君的重任交给了伍子胥。当时，吴国二王子王僚战功显著，手握重兵，实力雄厚，登位称王的呼声也最高。但是王僚生性暴戾，令伍子胥举棋不定。夫差看准了时机，知道要想当王还是伍子胥说了算，于是就前去相国府，讲述自己的宏伟蓝图，最后赢得了伍子胥的认可。

伍子胥授计夫差，在家宴请王僚。酒过三巡，小厮端上一条油炸整鱼。王僚并无他想，只觉得鱼香扑鼻，正要举箸品尝，不料夫差从鱼肚里抽出一柄短剑，直刺其心窝。王僚的手下拔刀出剑，殊不知夫差的伏兵早就严阵以待。

就在这剑拔弩张之时，伍子胥从容地走出来，宣布夫差就是吴国的新王。

伍子胥助夫差夺得王位，而且受阖闾之托，辅佐新王安邦定国，夫差现在根本离不开他。而且此人老谋深算，耳目众多，不得不防。

伍子胥，你才是我越国最大的敌人。

范蠡不禁有些后怕，幸亏入宫前，他曾带着一批财物拜访太宰伯嚭，否则后果还真是不堪设想。

吴国太宰伯嚭是个贪佞小人，十分擅长逢迎夫差。当年，就是因为伯嚭受重金贿赂，在朝堂上与伍子胥针锋相对，力荐夫差要宽大为怀，勾践才得以回国。如今，范蠡故伎重施，伯嚭拿人手短，自然帮着范蠡说话。

吴王夫差果然久经沙场，面对此景并未生气，只是对下面一干人等叹了句："相国老矣！"

随后，夫差颇具帝王风范地对范蠡道："范大人一路辛苦了，回去告诉勾践，孤王谢谢他了！"

"罪臣遵旨。"叩拜之后，范蠡转身走出了大殿。

他不敢望向西施，他怕他会不顾一切地把她抢走。

当西施回过头去寻找范蠡时，大殿上已经不见他的踪影。

仿佛一块巨石压在心里，硬生生地在内心积压起绝望的情绪，像刻刀一样，在心脏上深深浅浅地切割着，血肉模糊。

姑苏城里忙忙碌碌，姑苏台即将完工，工匠们夜以继日地干活。

当晚，范蠡一行在驿馆住下，等待第二天吴王的接见。

把心爱的西施送到吴国，他心里很是郁闷，于是一个人上街走走。

为了赶工期，工匠们夜晚在施工。

一阵吴语传来。

"大家小心点，晚上干活容易出事。我们都是上有老下有小的人，留条命回去吧。"

"我在这个工地上干了好几年了，家里田没人种，家人在忍饥挨饿。"

"我们吴国这么强大，我感到自豪。"一个年轻人说。

"你没有家庭拖累，你有条件自豪，你还可以跟吴王到中原去自豪。"

然后又是叮叮当当的敲击声。

第二天早晨，姑苏城街头，人们议论纷纷，在姑苏台作业的工匠，又摔死了好几十人。

无论哪里的百姓，都是命苦的。

当天，姑苏的老百姓夹道观看越国送来的美女。他们惊艳欢呼，为吴国欢呼，为大王欢呼。

范蠡带着西施和郑旦走上吴国的朝廷。

范蠡上前禀告吴王。

"越王不忘上王恩德，访得美女西施、郑旦二人，供上王劳顿之余赏心悦目。越王时刻准备为吴国奉献越国的一切，忠心如日月。"

夫差开心大笑。

"念他一片苦心，寡人要赏勾践。"

伯嚭说道："勾践以德报怨，成为天下美谈。"

大臣纷纷庆贺。

只有伍子胥一言不发，在他眼中，西施、郑旦是两条美丽的毒蛇，慢慢地爬到吴国的宫殿，要咬死吴王，咬死吴国。

夫差问道："伍相国，为何不语？"

"臣没有看见什么美女，臣看见的是妹喜、妲己进了吴国宫殿。"

"伍相国，你总是喜欢扫大王的兴。寡人看你心情不佳，你可以先回去休息。"

"老臣告退。"

第二天，吴国大臣上殿，迟迟等不到吴王。伯嚭宣布，大王劳累，不上朝了，大臣可以回去，一连几天都是如此。

每一个老鼠都想为自己打一个深深的洞，它需要安全感。

人类在心理上也是只老鼠。

我们存钱，寻找爱情友情，都是为自己寻找一个深深的洞。

夫差也要这种安全感，大臣的忠心，别国的臣服，都是他的安全感。但是，夫差的安全感使身边的人或他国失去了安全感，他自己也就丧失了相应的安全感。

伍子胥总是在政治上和夫差唱反调，他国仇视的眼睛总是盯着夫差。

这个强国君主其实很缺乏安全感。

但西施给了他安全感。

这个乡下女孩，没有心机，从不打听国家大事，从不向夫差提什么要求。

夫差烦恼时，她唱歌跳舞。

夫差出门时，她静静地待着。

夫差想为西施做点什么。他想建一座宫殿，这座宫殿只属于他和西施。

伍子胥越来越不听话了，夫差招来公孙雄。

"公孙大夫，寡人后宫人多嘈杂，西施不习惯，寡人也不习惯。寡人想请你主持建造一座馆娃宫，就在姑苏城外的灵岩山建造。"

"臣听命，不知大王有何要求？"

"馆娃宫是供寡人与西施享用的，要有唱歌跳舞、喝茶赏月、打猎荡舟的地方。"

"臣马上绘制一图，供大王决策。不过，这经费哪里来？"

"从军费里支出一部分，再让那些小国表示一点，有困难多找伯嚭商量，别去找伍相国。"

"臣听命。"

建造姑苏台的工匠又移师灵岩山。

灵岩山沸腾了。

夫差晚上见到西施。

"西施，寡人看这城里挺吵的，想在灵岩山给你建一座馆娃宫。"

这种消耗吴国国力，积累民怨的举动，西施当然不会反对。

"谢大王，西施本是乡野之人，从小喜欢清静，大王宠妾，妾自然欢喜。但吴国目前人力物力紧张，还是不建为好。"

"西施啊，你就是这么体谅寡人。人力物力的事，由寡人来考虑。寡人也喜欢清静。整天吵吵闹闹，打打杀杀，寡人也挺烦的。"

一年之后，无数工匠用血泪甚至生命换来了一座馆娃宫。

竣工那天，夫差和西施来玩赏。

走到一处长廊，夫差说："西施，你跺一下脚。"

西施跺一下脚，地下似乎是空的，回音响亮。

"大王，这地下是什么？"

"这地下是空的，是大瓮，大瓮上铺上木板，是供你跳舞用的，怎么样？美人来一段。"西施跳了一段越国的舞蹈。还没跳完，夫差一把抱住西施，连连说：'累坏了我的美人。"

两人往前走，见一口井。

"西施，你照一照。"

西施临水一照："大王，你也过来照一下。"

"水井是为你建的，寡人不照了，寡人这张脸会大煞风景的。"

"大王，臣妾请求把这口井命名为吴王井。"

"好，好，寡人亲自题名。"

正是六月，荷花正盛。

夫差和西施乘船赏花。西施在花丛中，人面荷花相映红，赢得君王带笑看。

上了年纪的男人，喜欢年轻女人身上的那股朝气，那股生命力。西施的一举一动，夫差都喜欢极了。

"大王，我渴了。"

"上岸，前面有洞，里面阴凉，有香茶可饮。"

西施走近洞口，发现洞口上题有三个大字"西施洞"，是夫差的笔迹。

西施回头看着夫差。

"谢大王。"

"哈哈，只要美人喜欢，寡人什么都为你做。"

喝完茶，两人又去看了养鱼塘，游泳场。

"西施，前面是猎场，去看看吗？"

"大王，臣妾是女人，不喜欢打猎。看了这么美的地方，就不想回姑苏了，臣妾今晚想住在这里。"

"寡人也特别喜欢这个地方。"

晚上，游玩了一天的夫差显然累了，酣然入梦，西施总是睡不着。

西施爬起来，月光下的荷花像披着轻纱的新娘，西施看得入神。西施的思绪不自觉地回到了越国。这分裂的天下共有一轮明月。西施在赏月，思念范蠡。她想，范蠡也在欣赏月亮吧，也在思念自己吧。

西施恨自己连月光都不如，不能照在所爱的人身上。

夫差得到西施，如获至宝，常带西施去馆娃宫游玩。吴国大臣求见吴王，听到伯嚭最多的回应是："大王在馆娃宫。"

伍子胥一声长叹。

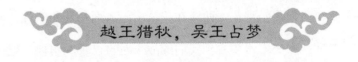

越王猎秋，吴王占梦

夫差的关注点在北移，但仍然睁大一只眼睛盯着勾践。尽管如此，勾践还是比以前有了更大的活动空间。

勾践问范蠡："我们治军的关键在哪里？"

"大王，凭装备，我们不如吴军；凭人数，我们不敌吴军，我们只能凭借勇敢与吴军一拼。"

"所言极是。寡人日夜考虑这个问题：如何把越国人的耻辱感化为战斗力。今年秋天，我想以打猎为名搞一次军事演习，但又担心被夫差揪着不放。"

"大王放心。我们一有举动，必被吴国间谍盯住，我们也可以将计就计，除掉这些人。"

天高云淡，秋草衰黄。

勾践高调宣布在会稽城郊外山上打猎，范蠡以此为名，调集军队保护越王。

勾践住处四周是客栈，吴国间谍纷纷入住，搜集情报。

勾践在打猎前举行了一次奇怪的葬礼，礼前，他高声说道："各位将士，今天早晨寡人驾车来到这里，看见路边有一只大青蛙，面对一条蛇，它却毫不畏惧，鼓着大肚子，怒目相向。虽然在搏斗中，这只青蛙被蛇咬死，寡人却被它勇敢的精神所打动，下车斩杀了那条蛇，带回了这只勇敢的青蛙。寡人今天把这只勇敢的青蛙放在木匣子中，以勇士之礼下葬。"

四人抬着木匣，放在墓坑中。

勾践在墓前低头敬礼。

忽然，有人上报勾践："越国军中有人自杀，他们认为大王心中不把他们当勇士，却把青蛙看成勇士，不堪羞愧，自刎身亡。"

勾践高声说："有耻辱之心的军队才有希望，厚葬那些自杀的士兵。不过，寡人不希望看到我们的战士对自己那么勇敢，把勇敢带给我们的敌人吧。"

士兵们依次从青蛙墓前经过。

夜里，月黑风高，四周静悄悄的。忽然火起，勾践住处及四周客栈同时起火，火势迅猛。

军营有人高呼："大王住处起火，赶快去救大王。"

士兵们从梦中惊醒，有人担着水，有人披着湿衣，奔向火海。

不远处，勾践和范蠡看得一清二楚。

"大王，吴国的间谍差不多解决了。"

"范爱卿智谋过人，寡人亲眼看见了越国士兵的勇敢，看到了越国的希望。"

第二天，几十具被烧死的越军尸体横放在大地上。

勾践为他们举行隆重的葬礼，厚恤家人，通令嘉奖，越国士气为之一新。

这次秋猎，越王没有打得一只猎物，却打造了一支新兴的越国军队。

事后，勾践召见范蠡。

"范爱卿，我们烧死了吴国的间谍，如何了却后事？"

"大王不要担心，我已修书一封，派一名使者送到吴国，请大王过目。"

勾践展开竹简来读："上王安康，罪人勾践秋猎时，不慎失火，烧死旅客及数十名军人，勾践有负上王厚望，惴惴不安，为此谢罪。"

勾践立刻派人把信送到吴国。夫差看了，哑巴吃黄连，有苦说不出。

除了培养战士的勇猛之气，范蠡寻找各种技能的人才。

一天，范蠡带着一个女人，面见勾践。

"大王，臣访得一位击剑高手。"

勾践看了看那个女人，问："击剑高手在哪里？"

"就在大王眼前啊。"

"范爱卿，你开玩笑，一个女人怎么会是击剑高手呢？"

"大王，我虽是女流之辈，却习得剑术，愿为大王展示。"

勾践唤出一名武士，说："你们以竹竿为剑，比试一下。"

武士一见是个女的，老大不高兴，说："大王，让一个堂堂的越国武士和一个女人比武，这是对臣的污辱。"

"你的污辱还在后面。"越女举剑来刺。

武士被迫应战，女人出手极快，躲闪神速，武士不一会儿便气喘不止，被女人一剑封喉。

武士认输。

勾践大笑。

"不想我越国人才济济。你叫什么名字？师从何人？"

"我没有姓名，大王叫我'越女'吧。我出生于深山密林之中，成长于荒郊野外，没有人可以学习，只是私下喜欢击剑之术，我观察野兽鸟禽搏斗之巧，心里琢磨，剑术为自己所创。"

"说说你击剑的特点。"

"大王，击剑时，在体内要有充足的精神，在外表要显示出安稳庄重的仪表，看上去好像是个温顺的美女，但争夺时要像受惊的猛虎一样。身体运动要和意念一致，像太阳一样高远莫测，像兔子一样轻快敏捷，追击敌手时形来影去，剑光若有若无，这种剑术，可以以一挡百，以百挡万。"

"寡人又发现了一个范蠡，是击剑方面的范蠡，越国需要一大批范蠡。"

范蠡也笑了。

范蠡安排越女教练军士习武。

没多久，范蠡又向勾践引荐一个老者。

"范爱卿，此人又有何技能？"

"此人精于射箭。"

"寡人看他已垂垂老矣，还能拉得动弓吗？"

"大王，小民叫陈音，是一名猎户，以打猎为生，精于射箭，请大王赐箭。"

陈音手拉弓箭，对勾践说："大王，远处是一成熟的橘子，小民以此为目标，射下这只橘子。"

陈音瞄准好半天，没有放箭。

陈音停下来请求道："大王，可否使一人摇动橘树，小民在运动中把它射下来。"

"那样会伤人吧？"

"若是伤人，小民偿命。"

陈音稍许瞄准，橘子应声落下，摇树人吓得满头大汗。

"真是神射！你说说射箭的技巧。"

"大王，射箭时身体要像木板一样挺直，头要扬起。左脚竖直向前，右脚横着在后。左手伸直就像握着树枝，右手弯着就像抱着婴儿。瞄准时要屏住呼吸，箭要和自己的气息一起飞出去。头脑要除去杂念，心中只有目标。"

勾践若有所思，说："寡人发现，只有人才才能发现人才。"

范蠡安排陈音教士兵练习射箭，三个月后，战士都掌握了射箭的技巧。

但不久，陈音就死了，勾践十分伤心，把他安葬在国都西边的山上，把山名改为陈音山。

越国军队的战斗力迅速提升。

范蠡在积极训练越军的同时，也在设计建造新的首都。首都分小城、大城，先建小城，再建大城。

小城主要是勾践和宫内人员居住。

小城建成，没敢建大城。等了好久，吴国要北伐。范蠡认为机会到了，派越国使者面见吴王。

越国使者当面恳切陈述："大王即将北伐，越国兵力太弱，不能自保。越国很担心西南方的蛮人会来进攻，为了保护越王的安全，想在小城之外再建筑大城。"

夫差沉思，没有表态。

"大王，为了表明越国的臣服之心，大城面向吴国的西北角不建城墙。"

夫差听了，微微一笑。

"勾践要让寡人放心。"

西北角虽然没建城墙，范蠡却在其前面以建国陵为借口，建造了许多地下工事，只要吴军过来，有来无回。

邗沟修成，又找到干涉中原事务的借口。勾践派出三千越兵助战，吴国已无后顾之忧。

但是，伐齐在即，吴王做了一个奇怪的梦，让他百思不得其解。

吴王夫差经过姑胥门，来到姑苏台，中午就在姑苏台睡了一觉，做了一个梦。醒来后，他就觉得这个梦不吉祥，立即召太宰伯嚭来解梦。

"伯嚭，寡人刚才睡觉时做了一个梦，梦见进入章明宫。入门后，就看见有两口锅在烧东西，但不冒热气。看见有两只黑狗向北叫，又向南叫。又看见有两把铁锹靠在宫堂的墙外，还看见浩浩荡荡的流水漫过宫墙，还看见前面园子里横着长出一株梧桐树，还看见后房有铁匠在轻拉风箱，发出噗噗的响声。你帮寡人解释一下这个梦。"

伯嚭略微思考了一下，说："多好的梦啊！这是大王伐齐将要取胜的好兆头。大王梦见进入章明宫，章明的意思，就是大王讨伐齐国获得大胜而名扬天下。看见两口锅在烧东西而又不冒热气，说明大王您的神气充足，不会用尽。看见黑狗一会儿向北叫，一会儿向南叫，预示着四方臣服，诸侯前来朝拜。两把铁锹靠在宫堂的墙上，是说明两个农夫在并排耕作，预示风调雨顺，庄稼丰收。看到流水浩浩荡荡漫过宫墙，这是诸侯的贡品将要献来，财物多得用不完。看到前面园子里横生一株梧桐树，这是宫廷乐工们在吹奏乐器。看到后房铁匠在拉风箱而发出噗噗声，这是宫女们在弹奏。"

吴王夫差喜出望外，但想了想，问："你学过占梦术吗？"

"臣不太懂。"

"那不行，你总是说些好听的话给寡人听，你认识精通占梦的方士吗？"

"臣认识一个叫公孙圣的人，他精通方术，曾为臣解过梦，是位高人。"

"你赶快把他请来。"

伯嚭派人送一封信给公孙圣，信中把吴王的梦说明了一下，让他速来给吴王解梦。

公孙圣接到来信，打开一看，就伏在地上不停地哭泣。他妻子把他拉起来，责备道："没有出息，得到吴王召见，就激动成这样？"

公孙圣擦了擦泪水，说："我伏在地上哭泣，不是激动，而是为吴王感到悲哀，也是哭我自己。我如果说假话，会给师父丢脸，连这么简单的一个凶梦也看不出；如果说实话，我必然遭到杀害，我们夫妻已走到尽头了。孩子还小，你要好生养育，长大以后，再也不要学我这一行。"

妻子听后，也潸然泪下，说："大王也许能听进去实话，你要爱惜自己的身体，千万不要忘记这个家。"

公孙圣抓住妻子的双手与她分别，泪如雨下，然后登上车，头也不回，直奔姑苏台去见吴王。

公孙圣一进来，吴王连忙表示问候，说："寡人做了一个奇怪的梦，请你解一下。"

"臣已经知道了。"公孙圣伏在地上小声抽泣，好一会儿才起来，接着说，"大王和我都是不幸的人，大王将厄运来临，我就要被大王杀掉。大王梦入章明之宫，'章'是预示大王打仗失败，张皇失措地逃跑；'明'是预示您将离开光明的人间，去黑暗的阴间。您看到两只锅在烧东西而不冒热气，预示着大王将有吃不到熟食的一天。大王看到两只黑狗一会儿向北叫，一会儿向南叫，预示大王死后魂魄居无定所。您看到两把铁锹靠在宫堂的墙上，预示着越国军队攻入吴国，毁我宗庙，掘我祖坟。流水浩浩荡荡漫过宫墙，预示着大王的宫殿将空荡荡无一人一物。园子里横生一棵梧桐树，这梧桐树将被做成木俑与大王一起埋葬。后房匠人拉风箱发出声响，是大王将要遭遇不幸的叹息声。"

吴王夫差和伯嚭都惊恐地看着公孙圣。

伯嚭突然叫道："天助吴国，现在吴国国运昌盛，你却在这里胡说八道！"

吴王夫差叫道："来人，把公孙圣斩了！"

公孙圣仰天叹息："苍天啊，我说实话，反而招来杀身之祸。我死后请将尸体抛到姑苏山上，他日，大王路过，叫我的名字，我会回应，以此表明我的冤情。"

吴王夫差把公孙圣杀了，抛尸到姑苏山上。

伯嚭向吴王叩头行礼，说："说坏话的人已经处决，恶劣的言论已经清除，请让我们开怀畅饮。讨伐齐国的时机已到，大王，大军可以出发了。"

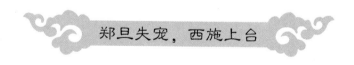

郑旦失宠，西施上台

皓月当空，放出无限清辉，将整个色彩万千的缤纷世界浣得干干净净、清清白白，只留下淡淡的几缕远山与一片闪闪烁烁的湖光水影，另外也只剩下几座缥缈的琼楼玉宇罢了。大地上的一切都是那么洁净，那么安宁，像甜甜地睡熟了。那座号称三百六十丈高的灵岩山，更是寂寥无人，唯有矮丛草窠中间，会时时发出几声"唧唧"虫鸣而已。从灵岩山顶上往下行，要经过三百多级石阶，险峻难走，这条路名曰"鸟道"，即"百步阶"。石阶西侧，有一块巨石，形似乌龟，叫"石乌龟"。再下，到"落红亭"。亭西边的山腰间古树蓊郁，风竹成韵。林深处，有一道气势雄浑的石城，乃吴王阖闾所建。城内有石洞，并负石为墙，凌空架有长廊玉槛，画楼绣阁，高台层榭，最为奇特。西施等六人就住在这诗情画意之处。此时，西施没有在楼台亭榭之中，也没有在石城里面，而是寂寂端坐于石城外的一块方石上。她极目南望，了无阻隔，直达天际，只是哪一缕清光正射入苎萝山西自己茅屋窗牖里去呢？迷迷茫茫，如何辨认得出？她多么向往开阔与自由啊！这不禁使她的泪水盈满眶了。

白天姑苏台上的失步，使她魂飞胆裂，如果因她翻下台阶而失礼，后果何堪设想？要是引起吴王恼怒，那就更加令人心悸了，因为吴王常常用杀人来抑制自己的恼怒，以凶残地毁灭别人生命来娱乐自己，从而显示出他的威力无比。

自己的生命能算得上什么呢？

当她手捧宝剑，自彩篷里缓步走出时，一阵清新空气直扑胸怀，令她心神俱爽。外面风和日丽，纵目远眺，四周边际，尽入眼底，开阔极了。地面上细沙软草，走在上面，轻快舒适，她仿佛又呼吸到了故乡的空气，见着浣纱溪上的蓝色长空了。她一步步走近台阶，人群开始拥挤，踏上石阶后，更加拥塞。她的左边，一列女子正源源不绝地历阶而下。前面是宓嬿，那一身淡黄色衣裳，闪晶晶地刺着她的双眼。又仅仅见到从肩下到腰上一截，时上时下，看久了，有点目眩。三百人中，唯她手捧宝剑，最大最重。人排列在末尾，立时久些，不免劳乏；登台时，遭风猛袭，几乎摔倒，幸而她快跑一步，才免失队，可这已吓得她魂飞天外。

她是浣纱溪畔低矮丛林里的一只灵巧画眉，立于枝头，婉转啼鸣，东飞西跳，自由自在。如今却被饲养于金丝笼里，纵有琼浆玉液，又有什么生活乐趣？因为没有自由，生命已经变得一片苍白，就好像这月光照拂下的世界，一切都显得这么灰白，西施如此陷入了伤感的回忆与沉思中，如此的沉寂。

"姐姐，回去睡吧！"

西施听到身后的亲切低唤，回首一看，只见羽蝝十指交错，幽幽孑立，神情忧郁，在默默地注视着她。她心头一热，忍住眼泪缓缓站起，转过身子来到羽蝝面前，紧紧搂住她，忍不住吞声啜泣起来。羽蝝也唏嘘呜咽，泪落如雨……唯有那一声声寒蛩鸣叫，哀恐凄切，响彻山谷。

月光如水，冷冷地照着那块后来一直流传千古的"西施思乡岩"，寂寞无声。

在会稽土城学习礼仪与歌舞时，五百名妙龄少女聚集一处，欢欣嬉笑，接受教导，勤奋学习，把各自的不幸与忧伤暂时忘却。

最令人难以忍受的要算是那位菁娘了。

她原来是宫廷里面的一名女吏，从来不苟言笑，可传授礼仪时，却又絮絮叨叨令人厌烦。她没日没夜地睁大两眼，细心地观察着每一个少女的举止言笑，不让她们显示出丝毫的放纵恣肆。

"请站住，姑娘。"菁娘脸色铁青，却又总是客客气气地招呼着翩翩行走着的姑娘。她的语调不同，但异常坚定而有力，犹如钉子一般能将人牢牢钉在原地。

"请姑娘们走得慢点。请记住，要慢一些，慢得像一片白云在碧空中缓缓移去，慢得像一道涟漪在河水上轻轻漾开。用慢步徐行，只可脚移，身不能动，这样才会步履轻盈，招人喜爱。"

"姑娘们，请不要这样笑。笑时不可张开嘴，不得露齿。龇着牙，多不好！美人最好是含笑，至多仅仅能够微笑。看着，这么浅浅一笑，面颊上笑靥微露，最能博人欢心了。笑也不能太多，笑多了，也使人难看。"

"慢语才能悦耳动听。说话不宜太多，黄鹂鸣啭过久也会烦人，不要打断人家说话。"

"吃饭时，好姑娘举箸持匙要慢、要轻，吃时嘴不可张得太大，必须细嚼慢咽，才显出温文尔雅、稳重高贵。"

姑娘们都像躲瘟疫般地避开菁娘。

这次献贡品操练礼仪，西施亲眼看着菁娘为一个个姑娘的礼仪在操心，替她们整衣理妆，反复叮嘱，口焦力乏也不稍停，并对她们说："请记住，好姑娘在向左边人微微颔首示意时，不要忘了右边人，不然的话，人家将会妒恨……"

这时，西施已经被如此繁杂的规则和临场的压力压得心烦意乱，菁娘上前轻轻拉拉她。

"恨我吗？"菁娘声音有些颤抖，"好妹妹，你很美，必须谨守礼仪，才能活得长久。"

这充满柔情的声音出自严厉的女吏之口，倒使她们为之一怔，一时间都回转头去，只见菁娘眼里晃动着闪闪泪珠，里面有诤友的挚言，也有着慈母般的关怀。

西施忙转过身子，充满感激地说："不，菁娘，我们一点也不恨你这位好姐姐，我会永远记住你的。"

其他的人也说："太谢谢你了，亲爱的姐姐，谢谢你，谢谢。"

月夜下的西施呆呆地望着从窗幕的缝隙之间漏进室内的一缕月光，就好像半截冷冷的寒剑贴在墙壁上，闪出来有如菁娘那么慑人心魂的告诫："必须谨守礼仪，才能活得长久。"

月光，这多变的月光，怎么又突然这般可怕了？

时至今日，那些令人怀念的往事的光辉已渐渐退去，退向遥远，退向迷茫，慢慢暗淡，行将熄灭了。

长时期的习歌练舞、旅途困顿、饮食无常，已使郑旦疲惫不堪，今天献罢贡品，她又到春宵宫为吴王长饮连连歌舞，直累得耳鸣目眩，步摇身斜，几欲摔倒，多亏侍女将她扶入内寝休息。

　　郑旦醒来已经深夜了，室内悬挂着四盏红绸瓜灯，帐外床边小台上燃着一支红烛，绯绫被褥，妆奁衾枕，侈丽夺目，皆平生所未见。窗外犹传来阵阵丝竹歌笑之声，室内一片沉寂。她已竭力将轻快的欢乐全都奉献给吴王了，仅仅留下自己沉重如铅的忧郁以及流不完的凄凉泪水。这时她才明白自己是为了让别人欢欣才生存着的，如若不能这样，她就像冬天里的团扇将被摒弃。

　　"也许，"郑旦泪光莹莹，"我的生命之火也将随之熄灭了……"

　　醉眼蒙眬的夫差大踏步走入内寝，到床前，一下拉开绛红色的罗帐，见到郑旦已经睡熟，容颜娇艳如花，眼睑下闪烁着一滴晶莹的凄凉泪珠，好似红色芙蕖上凝聚起来的一滴欲滚晨露，却泠泠未动……太娇美了……

　　于是火热的冲动惊醒了昏睡中的郑旦……她又一次泪水涟涟……

　　三天后，春宵宫。夫差在一对对艳妆宫娥的引导下，来到东堂。歌乐大作，群臣欢呼，他身挎属镂剑，走上王席，设宴为范蠡送行。

　　众大臣与范蠡一面饮酒，一面观赏女乐。酒过三巡，奚斯起立，代表吴王宣布三件大事。

　　第一件事，吴王高兴地接受越王贡品，包括三百名宦士，三百名媵侍。勾无苟留用，赐姓王孙，拜吴国大夫，任小行人，掌管朝觐聘问事宜。

　　第二件事，业已增封予越王土地，东至勾甬，西至隽李，南至姑末，北至平原，纵横八百余里，不变。越王可置水师守疆，并加赐给越王心羽毛之饰、机杖茵褥以及诸侯之服，又赏谷百石，济民解困。要越王内修其德，外布其道，哀民之饥寒，悲民之劳苦，内实府库，垦植田畴，务使民富国强，众安道泰。

第三件事，用越王所献神木，扩修姑苏台，并加速建好灵岩山顶的离宫，藏越国美女，以彰越王之忠，责成伯嚭与逢同监督，克日完工。

另赐给范蠡名马一匹，并一些珍宝绫罗。

夫差举杯祝道："范蠡大夫苦其心志，劳其肌骨，不背其君，忍小辱以全大志，乃一代贤者，寡人不能忘。请尽此杯，愿贤人一路平安。"

范蠡离席叩首，泣道："大王厚德，贱臣当永铭于心。"

起身后，范蠡向一班文武大臣一一拜别，举杯问候太师。

伍子胥问道："大夫可逛姑苏城了？"

范蠡抬头，一眼望见伍子胥那双冰冷似剑的目光向他投来，不觉打个寒噤，哪敢怠慢，忙拱手弯腰、恭恭敬敬地回答道："昨天跟随伯嚭太宰就近瞻仰过一番。"

"还可以吗？"

"物华天宝，人杰地灵，姑苏城真乃上国之丽都也。"

"哪有这么好？"

"这儿山清水秀，风惠雨润，河泊纵横，田塍如画，乃天以之赐至德者。飞阁楼榭，雕梁玉砌，光色烂烂。即便城内也绿水回环，红桥人家，垂杨深巷，青石小屋。街道中，四方辐辏，往来人众，熙熙然而乐。官民不扰，礼乐教化，风行草偃，通都大邑中无与伦比者矣。"

伍子胥又问："大夫登过城楼吗？"

"登了。"范蠡说，"城墙气势雄伟，巍峨岌壶，若虎踞于太湖之滨，似龙蟠于大海之侧，近三江水汇合处，扼齐国、越国南北交通要冲，恢廓宏大，今世少有。"

"不是，"伍子胥摇摇头，"我说的是城墙顶上的门楼。"

"哦，是城顶上的两层门楼吗？飞檐翘角，翼然而立，俯首可见雉堞、女墙并绞关漫道。太宰说，这大城周围四十七里二百一十步，设陆门八，有两座门楼。城里城外都掘有很深的护城河，城外有郭，周长六十八里六十步。城内另设水门八，是二重城门，外面城门宽九尺，厚二丈一尺，里面城门宽……一丈二尺，厚四丈五尺。城郭既立，可以实仓廪，治兵库，完善守备，使民有所凭依，此安君理民、治国之道，亦为霸王之业也。"

伍子胥问："大夫从何处登城？"

范蠡略为想想，说道："蟠门。"

"噢，"伍子胥点点头道，"是南门。大夫一定见到那门上的一条九曲蟠龙了，因而叫'蟠门'。在城里的小城南门上面有两条背相背并立着的鲵鯑，就是这条九曲蟠龙头上的两只角。在蟠门东首的另一座南门是'蛇门'，蛇门上面有一条木蛇，木蛇的头俯向王宫。吴国在辰地，辰，龙也，所以吴国的方位是龙；越国在巳地，巳，蛇也，所以越国的方位是蛇。立蟠门与蛇门，是表明龙能伏蛇，亦如强大的吴国能够制服你们的越国一样。木蛇头向城内，表明越国永远属于吴国，贤大夫记住了吗？"

范蠡哪敢多说一句话，弓着身子，头也不敢抬，连声说道："是，是……"

忽见伍子胥目若磷火，声如雷霆，厉声道："请大夫转告越王，凡尔越国人等来姑苏者，必须由蛇门进，违者格杀勿论！"

太师突然站起来，举起铁拳往桌上一击，那兕觥跳得老高，"哗啦"一声，跌在地上，摔成两瓣。

范蠡吓得向后面连退几步。

举座大惊，连夫差也为之骇然，他冷冷地瞟了伍子胥一眼，心里叹道："太师呵太师，难道你就不能把眼光放得远一些，心胸不能再宽广一些吗？"但也暗自觉得威严竟如此叫人满足，不由直了直身子，吩咐为范蠡送行。

郑旦在悄悄哭泣。

她已昏昏沉沉地在床上躺了两天，不吃不喝，脸没洗，粉未施，连头发也没梳理过，浑身火烫，腰酸背痛，想转动一下都难。她一醒来，就发现四周寂寂无声，彩幔低垂，画屏伫立，一股落寞孤寒之感袭上心头。这孤寒正在慢慢冷却成冰，并且将过去一切、现在一切甚至还没降生的未来一切都冻死于冰中，所有世界上的一切全将在寒冰里死去，自己也将落寞地飘向迷迷茫茫的远方而杳缈无迹。如果说从寒冰里能透露出一丝丝暖意，能显示出一点点生机的话，那唯有记忆了。记忆没有衰老，不会死亡，永远静止在这寒冰的最明亮处，伴随着忍受落寞的人，予之慰安，使之沉思。

郑旦用滚热的泪水将心头上的寒冰化出一个小小的隙孔，记忆从隙孔中徐徐逸出……

被强行逮往的会稽人也不知道有多少，她也被捉；从中选出五百名女子到少微山西北的土城，学习宫廷礼仪、丝竹歌舞，她也被选；又从中选出三百三十人送往吴国，她也被选；再从中选出三百人向吴王献礼单，她也被选；后来又从中选出两人向吴王献宝，她依然被选；最后她还被吴王选中，携来春宵宫。自己的命运犹且如此，那些被剔除的人哀愁怨恨，又有谁能尽知呢？

西施与她同样幸运，只是到最后失步了，如今她怎样了？还有旋波呢？还有……

双手紧紧扣住脸，郑旦在悄悄哭泣。

夫差至高无上的尊颜也似被蚊蠓叮了再叮，虽无大痛，也不痒，却使他的心微微一震，忐忑不安。

美人郑旦第一次迎接他时，不再是迷人的笑靥，而是一滴凄凉的泪水；大夫苟第一回面对他时，不再是委曲恭顺，而是无畏与嬉笑；就在他面前，伍子胥对待范蠡有如对待幼儿，耳提面命，疾言厉色不稍宽待；他们心里已经没有他这个真正的伟大的胜利者了，他本应是一个巨人，有生杀予夺之大权，凛然不许冒犯，臣民们只准博取他的欢心，现在全变了。

夫差皱皱眉头，心在慢慢收缩，感到无比烦躁与郁闷。

"去夫椒山！"

夫差命令驺骑申公赤颊备马，决心重登夫椒山上去看看，在那儿他彻底打垮了勾践。自己在那儿，究竟得到些什么，又失去了什么呢？

夫差一跃上马。

"你也去。"夫差掉转头，望望身旁恭恭敬敬立着的伯嚭说，"将灵岩山上的六名越国美女带着。"

一挥马鞭，夫差驱马疾驰而去，后面紧紧跟着的是骑着高头大马的一百六十名威武强壮、列队齐整的驺骑与虎贲以及六名越国美女。

夫差由问江口径直往太湖中的夫椒山驰去，再一次爬上了太师盟誓伐越的山岭——后人名之为"伍子盟顶"，寻到了毛拉老兵、幼卒之处。当年他们一举手，沸腾了的士兵们狂呼跳跃，一片欢腾。及今思之，犹久久不能平静，遥望大浪滚滚的太湖，他长长地舒了一口气。此时此刻，太师对范蠡的狠狠一击，也稍稍使他有点震动，应该有所警觉了。

夫差又想到伯嚭，想到伯嚭的所作所为：伯嚭为勾践请降，伯嚭为勾践请设水师，伯嚭为勾践增封土地一再说情，伯嚭接待文种，伯嚭接待范蠡并领这个敌国丞相私窥城墙。如若将伯嚭为勾践所做的种种加在一起来看，他就不禁深思，伯嚭到底想干什么？勾践究竟在干什么？

吴王中计，西施郑旦斗艳

时光如流，距离吴越夫椒之战，倏忽已有七年，越国年年向吴国进贡大量桐、杉、榆之属，皆栋梁之材。

这些木材伐后全都运到姑苏城西南三十里外的一道长河中。长河北边约一里多路是灵岩山麓，南方就是姑苏山与子山。木材之多令人骇讶，几乎将这条宽大而长的河面都占得满满的了，只见木头不见水，连沟带渎全遭阻隔。为此，当地人称呼那儿为"木渎"，直到今天仍然如此叫法。夫差命人用这些木材扩建姑苏台，并在灵岩山顶建造离宫，即"夫差避暑宫"。

姑苏台亦名姑胥台，当地人简称为胥台，因为建筑在姑苏山，故名姑苏台。姑苏山也叫姑余山、姑胥山或紫石岭，阙而台的名称也就多起来。姑苏台为阖闾王所建，是阖闾王春、夏两季处理政事的治所。经过夫差扩建后，姑苏台高达三百丈，广八十四丈，站在台上放目四望，周围三百里内的山水人家，尽收眼底，是当时一世之中最为宏大的离宫了。今年越国又送来文梓与楠两根神木，拟做宫前门柱，但仍未竖好。思想家墨子在他的《非攻》中，也哀叹这工程的艰辛："至夫差之身，遂筑姑苏之台，七年不成。"这是记实。第二年竖好门柱，装饰了春宵宫，人至此，抬头一望，姑苏台在云雾之中，确是仰之弥高，峻宇高墙，真不知身在人间矣。吴王夫差动用了上万人，"三年聚材，五年乃成"。连楚国大夫蓝尹也说："夫差好罢民力，以成私好，纵过而兼谏，一夕之宿，台榭陂池必成，六畜玩好必从……"姑苏台扩建后，才4年，即周敬王三十八年，越军攻吴，占领姑苏台，纵火焚烧，大火弥月未熄。

灵岩山上的夫差避暑宫已经竣工，乃吴、越两国的巧匠名工共同精心雕砌而成，铜钩玉鉴，饰以珠玉，其中亭榭楼阁、假山藤蔓之设，其精致秀美，又远非姑苏台所能比拟。即便山石雕刻一项，全都依着山石天然形态，傍山就势琢出许多飞禽、走兽、游鱼、虫豸、花木，栩栩如生。人言太湖之水得灵岩山益秀，而灵岩山因为太湖水就活了起来，这实在是因为山上石头都雕琢成百物之故，而使这周广一千八百亩似乎活动起来。山中突起的一撮之上密布着猛禽巨兽，格外显得拔奇挺秀。据说这整座山就被琢成一头巨象，故原来名叫"象山"。

　　吴王夫差先来此山中巡察了一番，看见龙、虎、狮、鹫等形象都很可怖，唯恐惊吓到郑旦和西施，令工匠将它们一一迁走，大部分都迁往东洞庭山和西洞庭山了。直到今天，在东洞庭山的光明村内还有大象、骆驼、老虎、龙头、麒麟、猢狲等巨兽山石；在西洞庭山东部滨湖的林屋洞山上，起、伏、蹲、卧的犀牛、象、牛、羊山石那就更多了。传说有一只石狐被雕活了，入夜便东奔西窜骚扰农人。匠人将它迁到虎丘与狮子山之间，一边老虎一边狮子看守着，这只小小狐狸被吓住，再也不敢乱动了，这就是今日之"小狐山"。另外有许多凶禽，如秃鹫、臣雕、鸱鹗、猛鸷、大鹏……也无不被一一迁往他处。直到今天，灵岩山上还可以看到石马、双牛石、牛眠石、猫儿石、老鼠石、石兔、出洞龙、蟒头石、石蛇、石龟、蟾蜍石、鸳鸯石、石髻、献花石、灵芝石、石鼓、石城等等。其中灵芝石最惹人喜爱，它是百步阶旁的一块凸起的奇石，就像大朵灵芝一般，立在山路边，迎着行人，有"巧似三秀"之誉。当时有这许许多多灵秀岩壑，见者无不叹其妙，认为乃天下一绝，誉之为"吴中第一峰"。吴人望见齐声欢呼"灵得来"！就是"好得很"的意思，"象山"也因之改称为"灵岩山"了，"山称灵岩"，实在是"岩以灵名"之故也。

这天，早膳初罢，宛夷子急匆匆赶来见西施，催着说："快理妆，今天要搬往灵岩山了。"

"啊！"西施惊喜一呼，"不住王宫了？"

"你呀，怕连王宫在哪儿也不知道哩！"宛夷子摆摆手，轻轻地说，"我们巍巍京都姑苏城，城里面还有一道周长十二里的小城，小城的城墙宽二丈七尺，高达四丈七尺，有三个城门，都有门楼。其中两个城边还增设了两道水门，一道水门上有门楼，一道水门上铺着小路，可运柴草。城内器物，应有尽有。当年阖闾王在小城内的高平里建造了一座阖闾宫，那里面才是今天的王宫哩！外人哪得进去？"

"是这样吗？"西施惊疑地问。

"我领女乐去王宫向大王与夫人献舞，王宫太大了！"宛夷子说，"我只住过东宫，东宫周围也有一里二百七十步之长哩！人在宫中行，肃静无哗。夫人端丽淑好，每言，'仁而不厉，君也；忠心无二，臣也；还必得父慈子孝，兄爱弟敬，夫和妻柔，姑慈妇听，国乃有常礼，始可久远'。夫人婉嫣有德，妃嫔宫娥无不敬畏，行为百省，宫中秩序井然，大王亦微惮之。"

"啊？"西施吁了一口气。

"这次大王到梅里祭祖坟，夫人就不去。"

"为什么呢？"西施问。

宛夷子一边帮西施梳妆，一边说："夫人认为应该收和颜而静志，设礼防以自持，行不逾礼。祭祀太庙，拜昭穆太祖，必至，执夫人礼。余则不必，恐拂大王意耳。自宜于王宫内深居简出，亲主宫政，宫外诸事不问。

"乐石城、姑苏台各地都有离宫，夫人从来不至，亦不问，行尽伤内之事，此所以别内外、分上下，使大王超然立乎显荣之处，得天下称颂。大王亦言夫人行有法度，忠贞不欺，顺而美，贤内助也。"

西施听了也不禁赞叹道："大道容众，大德容下，况夫人夙兴夜寐，劳于行事，内宫焉能不治？惜乎奴婢微贱，不得侍奉颜色，有失教诲了。"

宛夷子笑道："这就看你今天的命运如何了。凡为大王进幸过的宫女、媵侍等，皆为少使，免劳役；君王喜爱，得为长使，养花草；能承欢侍宴者，可入七子、八子之列。以上三类人为嫔御，皆属内宫。地位有待晋升，再博得君王的欢心便是。良人、美人，属妃嫱，则可称为娘娘了。君王正妻为夫人，可有第二夫人、第三夫人，然须得夫人认可，娘娘则不计。也许你能成为娘娘，有朝一日奉宣入宫，不就能见到夫人了吗？"

西施听了，也为宫中行规如此烦琐而莞尔。

西施被几名侍从领到灵岩山顶，过来一个宫娥，引导她走上一条卵石砌成的小道，顺着小道前行不远，便进入石峰林立的假山岩壑之中，山石奇异，玲珑俊秀，各具姿态，有的孤石矗立，有的连绵不断，盘旋往覆，曲折幽邃。石径随山盘回，弯弯曲曲，坎坷不平，忽路已断，突然又现新途，变幻莫测，扑朔迷离。此处山石，多有隙孔，大小不一，从洞内往外观望，时现蓝天一方，时现白云数朵，时见远山一缕，时见湖水一掬，很得步移景迁之趣。山风自天际来，过山石，空谷回响，隙孔中皆出"呜呜"声音，萦绕耳际。如此峰回路转，行过几座假山，就看见一些黄墙红柱灰色瓦的翘角飞檐宫殿，她进入西殿，但见光彩满屋，香气氤氲，又入帝王家中矣。

领路的宫娥回身跪下，两手及地，然后拱手，头垂至手说道："娘娘，奴婢雪次奉岑出公公命来此伺候，住此宫殿门南侧小室内，娘娘有吩咐，呼之即来。"

西施听称呼自己为"娘娘"，吓了一跳，不知是真是假。见雪次行"手拜礼"，知非妄语，忙问道："这是离宫？"

"不是。"雪次摇摇头说，"大王正宫以外的临时居住宫室叫离宫，离宫在东面，比这儿大得多，也敞开得多。听岑出公公说，这儿是大王特意指定给娘娘住的，是这山顶上面单独的一幢宫殿，并命名为'西子宫'，简称'西宫'。"

西施伸手将雪次扶起，亲切地问道："你几岁了？"

"十六。"

"家在哪儿？"

"匠门前街。"

"就在姑苏城里？"

"是的。"

雪次退出门去，室内又恢复了一片沉寂。

西施明白自己从一只笼里被移入另一只笼子里了，只是这只笼子更为宽敞，金装玉饰，黄墙黄幔，愈加灿烂。这又怎样呢？她被丢进无边无际的天黄地黄的黄色沙漠里，一个人，行迈靡靡，遥顾四周，单调而沉重的金黄吞噬了妩媚的山青，吞噬了活活的水绿，吞没了世上所有的五彩七色，生活毫无一丝生气，令人难以忍受，何况一片空空荡荡，简直使人有点怖畏了。

晚饭后，天色渐渐暗黑，雪次进来，点亮了蜡烛，烛光满屋，屋里只有她，她默默无言地坐在桌旁烛下，试图放纵思想，驰骋于各处，寻觅自己不能忘怀的一切。

"唧——"

她被一声山雀的叫声唤醒，再执着的忆念也无法改变现实，使之消失。整夜里她静立窗侧，有如玉雕，右眼睑下有一滴泪珠，悲哀已经凝固，也已沁入肝脾，她伤痛自己仍然陷于雕阑玉砌的君王深宫之中……

第二天，雪次端着早膳走来，踮起脚尖，轻轻地。她发现娘娘站在窗口呆望，低声问道："娘娘昨晚睡得好吗？"

西施见是雪次，疲倦的容颜上方才显现出淡淡一笑，点点头。

"请娘娘进餐。"雪次将饭菜轻轻地放在桌上。

西施走到桌边，两膝跪在绣墩上面，两只脚背朝下，上身坐在脚跟之上，爱怜地问雪次道："你到这里多久了？"

雪次在桌子对面，同样将两膝跪在绣墩上，两脚背朝下，只是身体耸直，不敢坐在脚跟上，这叫作"跪"，不同于西施的"坐"，恭恭敬敬地回答道："两年。"

西施望望她，眼里闪出一丝泪光。

雪次继续说："姑苏城里男子尽被征入伍，南征北战，归来无期，老病者还服劳役；家中老母寡妻，哪有能力养活孤儿幼女？似奴婢为官家收养，能不饿死，已属大幸了。"

说罢，泪水潸潸而下。

"你家没人吗？"西施问。

"有个妈妈种菜，还有一个好婆，已经六十五岁了，爷爷七十三岁，在家。"

"他们怎么生活呢？"

"妈妈卖菜，好婆会刺绣。"雪次说，"附近人都知道，只是如今怕每天挣几粒米吃也难了。"

这时岑出公公突然跑进来叫道："大王到！"

西施、雪次慌忙向着门口，俯伏在地。夫差大踏步跨进门，带来一阵爽人肌肤的凉风。岑出公公赶忙迎上去，接了大王的金黄色的"一裹圆"。此物即后人所谓"斗篷"，或叫"一口钟"，或叫"披风"，或叫"大氅"。

夫差笑吟吟上前拉起西施，问道："这儿好吗？"

西施忙跪下，两手至地肃拜道："敬谢大王，这儿好极了。"

"那我们到外面看看去。"夫差兴致勃勃，神采奕奕，很神气地一转身，领着西施出门，离开假山，向南走去。

东方朝日早已冲破云蒸霞蔚，一洗长空，蓝天万里；西南方的太湖水闪闪发光，鱼鳞般的光波在水面上跳跃着；东南方向则河道纵横，有如银网交错。阵阵清风吹拂，夹杂着清爽的气息令西施心旷神怡，不禁点头赞叹道："人间天上，就是此处了！"

"唯登高者才望得远，能够一洗胸臆。"夫差极目望去，赞叹不已，回头问西施道，"你看，眼前一座座山峰，都一下退去好远。这儿比盘湾如何？"

"'一洗胸臆'，大王说得对极了。"西施一颦眉，沉思片刻，说道，"正合乎近水悦耳受，登山喜眼收之意。"

"什么？"

"盘湾在湖中心，能够听风听雨听波涛，清声可以洗耳。"西施笑了一笑，用手指着说，"此地乃山巅，可以看天看地看日月，见河山壮丽，足以洗眼、抒情愫。振臂长啸，风动云兴，敞开心扉，一洗胸臆，而无点尘之染矣。"

"西子深得寡人之意了。"夫差喜道，"此山此宫果然得到聪慧主人。不过此地更好，白天可以仰望——"

"万里无云万里天。"西施接上说。

"夜里能够俯视——"

"千江有水千江月。"

夫差听了哈哈大笑道："西子真可人也。寡人在这山顶建一座大花园，正想观日赏月，玩花弄草，陶醉其间，但不丧志，好吗？"

西施拍手道："好。大王能不溺溺于风月，而广开耳目，洞察万方，布德施惠，虽远而逾明，奴婢微贱，亦当顺命而效力，以显示大王德行。"

夫差说："寡人平日喜好登山狩猎、避暑。有一次，途经这里，天有雾，望山石中吐出一缕缕白云，很是有趣，就往上爬，人一步步走在云雾缭绕之中，山色漾漾，似向云霄走去。有的地方豁然开朗，山石草木又都呈现于眼前，才知仍在山中。再向上爬，又入云层里去了，到山巅，人在白云之上，唯有几个山尖，疏疏落落散布于云涛之中，俄顷，一轮红日自东方朝霞中喷涌而出，白云渐渐散去，太湖似已苏醒，白浪滔天，湖中西洞庭山像从水底才伸出头来，山上昂首南望者为缥缈峰。东洞庭山的一只脚才跨上岸，南、西、北三方依然被波涛抓住，移动不得，山上莫厘峰仓皇北望，似与缥缈峰在商量什么。水活山灵，一时间皆看得清楚，寡人身居其间，如若仙境，因此寡人决心在这山中建座山顶花园，使眼里心中，留住此间佳丽湖山。"

西施道："即便现下薄雾渐散，看太湖烟波浩渺，水天一色，激扬清波，也可涤荡污秽。大王于此处登高望远，自能壮阔胸怀，心如天地之明，恰似洗濯征尘之后，得松散肌肤，以利再战，亦无害也。"

夫差听说甚为欢喜。两人走到一口圆井旁边，这井直径就有一丈多长，比常见井大有十倍多；西边不远的地方，还有一口八角井，两口井边均有两尺高的石砌拦圈围着，相互映衬。

夫差道："此为'日池'，那叫'月池'，井水皆甘芳清冽，并称为'吴宫双井'。"

西施低头向井内望去，井水清碧沉沉，光可鉴人。忽见水影中自己的脸旁，又出现了头戴黄弁的夫差的喜悦面容，忙返身拜道："此'吴王井'也，太好了！奴婢为大王贺。"

因此，"日池"也被人叫作"吴王井"。

他们转而悠然向南走，看见一个约四丈见方的大水池，有一丈多深，池水清澈见底，小鱼自由自在，往还游荡，无不历历可数，旁有石阶直达池底。

夫差说："此池可种四色莲花，寡人喜其花艳，更爱其清香，名之为'玩花池'。"

西施说："大王在盘湾说过，还要'浣花'，何不就名为'浣花池'呢？何必曰'玩'？"

夫差称妙。

山顶花园地面很大，也平坦，有几处已种上花草树木。

夫差用手指着山壁间几株老松说道："寡人意欲在这座山的上面下面，遍植劲松，这样，就可以常年看到漫山青翠，听到訇訇涛涌之声，如赊煌破万里浪，骏马疾驰，以快寡人之志。"

西施道："这样未免单调。"

"你看种什么呢？"夫差问。

西施笑着说："疏影斑驳，种竹，可留春月；垂条婀娜，栽柳，能迎夏风；桐叶肥大，植梧，宜听秋雨；苍松翠柏，可承冬雪。四季成宜，不冷落此山此园，因地制宜岂不更佳？"

"这也是。"夫差不禁称好，点头道，"树有了，种什么花呢？"

"百花都要。"西施说，"这样能使园中有四时不谢之花，姹紫嫣红；有八节长青之草，翠碧迎人。有应时果实，有无尽芬芳，这不好吗？"

"你想得太美妙了。"夫差笑了起来，"要知道，这儿终究只是一个山顶，哪能种下若许花卉？何况山高水冷，像芦花等喜温花卉，又如何种得？"

"不是这样。"西施把头摇了一摇说，"奴婢说的百花，无非想多种一些花卉罢了。人之种花，喜其色、香、神、韵而已。春季红桃，灼灼其华，既美且艳，海棠、玫瑰、千日红、山丹丹之类均属此，其色悦目。夏日青荷，千层叠翠，浮香满池，沁人心脾，茉莉、桂花、蔷薇、樱桃之类均属。秋天梧桐有舍命不渝精神，梧为雄，桐为雌，梧桐同长同老，同生同死，秋夜传雨声，使人常相忆，因而梧桐花香而淡远，棣萼、百岁兰之类属此；更有秋菊，发花于卉木凋落之后，出姿雅绝，气质高洁，采采然孑立于风霜之中，可见其抗直精神。冬天梅花，红苞绿萼，相错如锦，乃雪中名花，亦花中之白雪也，其洁如玉，品格高尚，有神韵，朵朵香之山兰、花中王之牡丹之类属此。能得此，已把这儿打扮成花花世界，锦绣乾坤了。"

夫差叹道："想不到你年纪轻轻，竟然如此博闻广见，真少有了。"

西施道："奴婢儿时便住在山间溪旁，一些花、木、鱼、虫看得多，也听得多，能讲出几种，又有什么奇怪呢？在会稽、榜李、姑苏，奴婢学习了三四年，才懂得恭俭庄敬之礼教、尊长敬上之礼数、宫廷内外之礼节，能跳几种舞、能奏几样乐曲，不然，奴婢仍然是一个山野间女子罢了，什么都不知道。更难得的是奴婢能与数百名女伴相处，耳鬓厮磨，了无猜忌，成年累月嘻嘻哈哈在一起，嬉谑谈笑，知道不少事，了解许多情，这是平生最为欢乐的时光了！"

"是这样的吗？"夫差听了，也为之神往，点头深深叹息，"这样佳遇，是寡人无法得到的呵！"

西施愣了一会儿，祈求道："大王，使旋波等五人与奴婢居一处，以破寂寥，可以吗？"

夫差沉思片刻，说道："这儿正要人，就叫她们作为你的侍婢吧。"

西施大喜，连忙跪下叩头谢恩。

他们转身向左，往东行。这山顶花园虽在山巅，然地势平坦，时见白云傍脚边山侧轻轻掠过，风带丝丝凉意。北边是许多假山，假山尽头，逶迤而东下的山脊，是一丛丛翁郁的青松翠柏，外面围着一堵红墙。墙内矗立着一栋栋巍峨楼阁，翘角飞檐，黄瓦红柱，是"夫差避暑宫"，即灵岩山离宫。它比春宵宫地势低，比春宵宫殿堂大，比春宵宫大方美观，富丽堂皇，珠光宝气，耀眼夺目。尤其可喜的是宫殿藏于翠绿丛中，稍露檐角，显出清秀之气，难怪连伍太师看后，也叹道："天下离宫能有富贵气而不失清丽者，唯有灵岩山之离宫了。"

夫差用手指着离宫道："西子乃凌云仙子，不宜居那深宫，始置于此地不近人间烟火之处。"

西施赶忙合掌谢恩，款款肃揖。

两人进了假山，宫殿西，有一口井。

夫差说："此井可贮中天之月，故名'玩月井'。"

西施道："奴婢听说过，王言必信，史官将记载它，臣子将记诵它，甚至要谱以歌曲传布它。大王说过'浣月'，何不就用'浣月'呢？亦可见大王言必有信。"

夫差听了欢喜。

自从返越后，勾践不住王宫，让侍卫在王宫外的旷地上搭了个茅屋，他孤身独栖，着短褐，睡草铺，五更即起，头一件事就是伸出舌头，舔一舔悬在床头的苦胆，顿时便有一股难以言状的苦味，渗透心脾，催人欲呕，接着略事梳洗，出茅屋上朝视事。王宫门口，站着几名侍卫，见勾践走来，厉声喝问："勾践，你忘了会稽之耻吗？"勾践忙拱手作答："勾践不敢忘！"

越王夫人纺织葛布，勾践爬到山上寻找野菜吃，百姓看见了，很感动，问道："大王为什么吃野菜啊？这些年来，我们收的粮食不但可以供家里人吃，还剩下许多，又开始缴纳到官府里去了，难道还不够大王吃的吗？"

"谢谢大家缴纳的粮食，都已存储在仓廪里了，粮食留给勇士们吃，让他们有力气去消灭吴国，复兴我们的祖国。"勾践吐了一口气，"寡人是个没用的人，耕不来地，不配吃粮食，只能够吃点野菜。可是采来的野菜也只够一人吃的，真感到惭愧啊！"

一位老农听了，流下了眼泪，叹道："是这样的吗？大王苦心为国，臣民们却贪嘴了！大王去吴国后，老农地荒，没有种上粮食，一家人也吃野菜，吃得脸黄脚肿，几乎被毒死。后来老农采到一丛丛紫茎青叶的蕺菜吃，虽然味道有点辣，又苦，却没有毒。"

"请老人家带寡人去找些蕺菜看看，可以吗？"

老农领他爬上一座山，用手指着山顶说："大王，这些都是蕺菜。"

"太谢谢你了！寡人如此便可美美饱餐一顿，还可以盛一大碗让夫人也吃个够。"勾践看见大片蕺菜，真喜得发狂，头也没抬，采了满满一筐。

这消息立时传开来，从此男女老少纷纷上山采蕺菜，还将粮食担到都城的仓库里，留给越国的勇士们吃。

这座山直到今天还在，就是绍兴市区东北面的蕺山。

风风雨雨、暖暖凉凉，郑旦反反复复的病情，有如早春二月的天气，变化无常，她今天唯存一息，已经来日无多了。

郑旦用力张开沉重的眼皮，望着玉钩翠蟆，鸳鸯锦衾，凄凄凉凉地望着窗外残月，缓缓西移。有时听风、听雨、听子规哀啼，声声滴滴，都化为无尽泪水。

"人生就是一根链条，过去、现在与未来环环相扣。"一个声音如是说。

"我过去的生活太美好了！"郑旦涕泪涟涟，默默沉思，"未来的生活纵然遥远而迷茫，也仍有欢乐可期。可要把过去与未来扣在一起，那真是太难了，太难了！"

郑旦慢慢抬头，望着四周空荡荡的偌大内寝，即使听见自己的咳嗽回声，也不禁毛骨悚然。她明白自己现在的链环，既扣不住过去，更扣不上未来，仅仅只扣牢自己的手脚与心灵，直到悒悒以终。不是吗？家人、亲戚、邻居、朋友……一个个可恋的亲人都被隔开；山坡、河道、田塍、泥路……一条条熟悉的道路无不断绝；唯一畅通无阻的就是永不关闭的死亡之路。可死亡是一片黑暗，没有现在，也没有过去与未来。

"记忆已将过去永远地抓住，会给人们无穷欢乐。"那声音又说。

"不，绝不可能。"郑旦摇摇头。

记忆是什么？它不过像自己行将枯萎的生命之树，经历了风吹雨打，飘飘荡荡落下来的一片片枯黄残叶，浮沉于缓缓流去的时光长河之中，渐渐被侵蚀了，只剩下几缕叶脉而已，已经失去绿茵茵的翠光碧彩，更无生命。如此变了形的残存记忆，能给自己欢乐吗？不能。反而会将往昔的欢乐变换成为无边无尽的凄凉忧伤。

"向前走，欢乐就要来到。"那声音仍在鼓励着她。

"前面太可怕了！"郑旦惶怖无状。

她由丧家亡国的女奴成为王妃，她自寻常百姓之家来到王宫，走的是怎样一条路啊！这是一条狭窄得仅可容足的栈道，巍巍乎凌驾于万丈深渊之上，真使她魂飞魄散。她战战兢兢地一步复一步往前挪移，有眼不敢看，有耳不能听，有嘴不得说，有手不许动，一心一意地在克己复礼，只想苟全性命于此乱世！她抬头望去，路漫漫其修远兮，哪能望到尽头？如今她才恍然大悟，即便有朝思也不敢去暮想了，目前这种状况，还能求索什么欢乐？那是茫茫不可期待的呵！菁娘摄人心魄的告诫，犹萦回于耳际："必须谨守礼仪，才能活得久长。"如今礼仪也挽救不了她，回天无术，唯有系命于悠悠苍天了。

郑旦怆然泪下……

玫萱小心翼翼地捧着一杯茶，轻手轻脚地走进来，将茶杯放在床边的小柜上，小声说："娘娘是自己醒的。"

郑旦忽然阵阵头晕，心中发闷。玫萱问："娘娘，吃茶吗？"

郑旦忽又大口喘气，低声说："快去请西施。"

玫萱闻言便飞奔去。

西施正在浣月池边漫步，只见离宫那儿有一个小宫女摇摇摆摆一路跑来，发上束着的红绸起起落落有如花飞，跑到她面前，仰起绯红的小脸说："娘娘，娘娘，娘娘请娘娘！"

西施一听，乐了，俯下身子，抚摸着她的头说："慢点慢点，你叫什么名字？"

"玫萱。"宫女说。

"哦，玫萱。谁个娘娘请谁个娘娘了？"

"我们娘娘请娘娘。"

"你们娘娘是谁呀？"

玫萱一怔，奇怪道："怎么，我们娘娘也不知道？"

"谁呀？"西施倍加亲切地问。

"郑旦娘娘呀！"

"请谁个娘娘呢？"

"请你这个娘娘。"玫萱睁大两眼望着西施，长长睫毛里的乌黑忽闪的双眼冉冉转动，忽而醒悟似的欢呼着说，"请西施娘娘。"

"真聪明。"西施微微一笑，用手摸了摸玫萱那张兴奋而又带笑靥的小脸，点点头说，"对，就该这样说，郑旦娘娘请西施娘娘。"

"郑旦娘娘请西施娘娘！"玫萱喜悦地重复着，双手比画着，双脚一下纵起。

西施快活地上前抱起玫萱，笑道："我们看郑旦娘娘去。"

玫萱看着西施娘娘，嘻嘻直乐。

"你家在哪儿？"西施问。

玫萱咬着手指，想了好久，摇摇头，不好意思地轻轻一笑。

"你娘在哪儿？"西施又问。

在一大片模模糊糊的记忆里，玫萱凝神沉思，回忆起往昔的童年，好不容易才找着了娘亲隐隐约约的影子，只是太遥远、太迷茫了，她惘惘地说："在船上。"

"你爹呢？"

玫萱两眼发愣，回答不出，羞得她把小脸藏进西施的颈项里吃吃笑着，把西施也逗乐了。

进了离宫，玫萱挣脱下来，飞快地跑向内宫，高声叫道："娘娘，娘娘，娘娘来了，娘娘来了！"

内寝里才平静下来。

侍女风依远远地就向玫萱摆手，玫萱不敢再发出声响，张皇地立着。

风依看见西施，忙叩首请安。

"娘娘好吗？"西施问。

风依轻轻将头摆一摆，叹道："娘娘成天整夜不吃不喝，昏昏沉沉，只有咳时才知道人醒着。刚才岑出公公、菁娘领御医禺和来看过，雪次与雾兮跟着太医去煎药，娘娘才静下来。"

忽听房内郑旦问："谁呀？"

玫萱大喜，三脚两步跳进房里，叫道："娘娘，娘娘来了！"

西施已经进了房门，走上几步，坐在床沿上，拉住郑旦左手，轻轻问道："姐姐，好些了？"

郑旦双目微合，并未张开。她轻轻地蓄积着力气，强压住悲痛，不让自己咳嗽，不使自己激动。她明白，自己的生命之烛已燃至最后，只要微微一抖动便会熄灭，只有平静下来，她才能勉强使生命得以继续片刻，而这生命最终将在平静之中死去。值此弥留之际，她竟珍惜起自己残余的生命来了。

西施已经觉着郑旦那柔黄纤手微微回暖，紧握了她两三下。

"天哪，将生命赏还给她吧，她才十九岁！"西施痴痴地注视着郑旦的面容，心在哭泣，眼在流泪。

郑旦终于缓慢地张开双眼，明眸如秋水，眷恋地望着西施。西施心头一热，喜悦、惊恐、忧愁、哀伤、怜爱……千情万绪，一齐涌起，真不知如何才是，反而唯有无语凝噎了。

"我不行了。"郑旦眼里泪水闪闪晃动着。

西施柔柔地抚摸着郑旦的手背说："一切都会好起来的。姐姐，在苎萝山那么苦的日子也熬了过来。如今在吴国王宫里，过着仙人一般的日子，就是想要天上的星星也有人摘给你，还怕病吗？"

"哀莫大于心死。"郑旦垂首颦蹙，轻声泣语道，"我的心已寸寸都成烟灰了。"

"不会。"西施抚慰道，"姐姐人洁如玉，淳朴不散，心无结怨，你的心似水晶一般透明坚固，永远不会化为烟灰的。"

"浣纱溪的清清流水，在我心头早就干涸；苎萝山上翠绿小草，在我心头也已枯槁。"郑旦低徊咏叹，"在我心头，空气凝滞不动，万物沉入黑暗，无边的孤独寂寥早已吞噬了我整个的心，我失去了一切。"

"没有。"西施爱抚地抚着郑旦的手说，"姐姐肌肤如雪，光彩焕发，丽质天生，世间无双。且中正无邪，亦礼之质，也远非常人所能望及。你的温馨微笑被人深藏于心，谁都舍不得离开你。窗外满是阳光月色，鸟语花香，美好世界多么灿烂明媚，姐姐，坚强起来，欢乐起来吧！"

"我已厌倦欢乐。"郑旦缓缓将左手回抽，西施不愿放开，忽而手背上滴着一滴水，冰凉冰凉，只听郑旦低声说，"我不想欢乐，而我，也不能欢乐了。"

西施见郑旦连淌出来的泪水也已寒凉似冰，心都冷了，不由得悲伤地说："姐姐，天生善人，你要宽心。"

郑旦似已听不见了，呆滞着目光，正在喃喃自语："让童年的郑旦，回到童年的家乡去吧！"

第三章

吴王滥杀，英雄难过美人关

西施没有用什么阴谋诡计，也没有挑拨离间，甚至都没有争风吃醋，她只是做一位本分的美女，吴王的纵情滥杀让吴国彻底走向了毁灭，这并不是西施的过错。

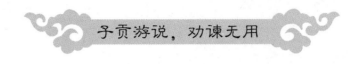

子贡游说，劝谏无用

"越国万岁！"

一阵激烈的欢呼声从练兵场上扬入云霄，越国的勇士们沸腾了！

练兵场正中竖起一根八丈高的长柱，上面悬挂着一幅巨大的越国旗帜，旗杆下面立着南林剑女，头发上面包扎着桃红色的绸巾，着蓝色白花的紧身衣裙，脚穿一双软底鞋，新月眉，丹鹤眼，蒜鼻小嘴，英姿飒爽。

"武士们！"南林剑女手持竹剑，立丁字步，高声叫道，"你们可以用长剑击我，随便多少人，也允许一起上，只要有一个人以剑击中我，我就认输。但是，凡被我竹剑击着的武士，立即退往大王观台边站着，不得再战。"

这样奇特的比赛，不仅令越兵骇讶，就连勾践与范蠡也为之震惊。场上将士何止千人，其中不乏剑术精良的高手，一个十九岁的女子如何敌得过这许多人！范蠡站起来，向勾践望着，勾践点点头。范蠡向将士们一招手，旋即跑出大约二十余名士兵，围住剑女。将士们人人精神饱满，体格健壮，一起举剑向剑女砍去，气势凶猛，刚劲有力。人们都以为剑女无法逃脱了，不料剑女将身子往下一蹲，矫若游龙，一跃而起，从半空中落到包围圈外，就势将竹剑拦腰一划，众将士被击中十余人，余者愕然，立即转身又拼力合击。场外一片呐喊声，又冲出五十余人，前后左右层层包围住剑女，剑锋一齐向剑女刺去。那剑女架势起伏，动作灵敏，竹剑柔中含刚，击在铁剑上，犹如钢棍，士兵觉有千钧之力，手臂震麻，人亦随之倒下。士兵欲以众取胜，此时围者已逾百人，剑女毫无畏惧之色，冲拳踢腿，轻便利落，蹦蹿腾挪，动作紧凑，人难见其面，更无法辨清其剑锋所指，唯见将士们纷纷被击中，退出阵外。而围者愈来愈多，其中有一位伍长被击倒在地，勃然大怒，心有不甘，便遥遥将手中长剑向剑女掷去，一线寒光，直向剑女射去。暗箭伤人，这是赛场中决不允许的，不少人皆目不转睛地看着这柄投剑，只听"当"的一声，火星迸发，大家眼睛一眨，再看，剑女已经无影无踪，无不骇然。忽然有人发现身边地上插着竹剑，伍长却不见了，忙去报告范蠡，连勾践也为之瞪目，说不出一句话来。

这时忽闻空中传来大叫："我来也！"大家此时望见剑女高悬在旗杆顶端，左手拉着旗杆，左脚顶住旗杆，侧身右垂，右手正拎起伍长右脚，用力向天空一抛，但伍长在半空中不停翻转，直往下栽，将及地面，忽然顿住，原来正被南林剑女用手托着，来到大王观台前面，慢慢放下。见者无不顿足鼓掌，欢声雷动。

范蠡亲自捧杯敬酒，恭立其侧，叹道："剑女勇猛，天下第一人。"

南林剑女笑道："小女子纵然勇猛，也不及吴国力士石番之十一。击剑要在剑术，剑术运用持其智耳。相国当有闻宝剑之锋利者，昔我先王允常使欧冶子制剑五，湛卢、磐郢、鱼肠献于吴，越存巨阙、纯钩，皆能穿铜釜、断铁石，然犹不及干将、镆铘；干将、镆铘锋利无比矣，然犹不及夫谭属镂剑；夫谭属镂剑纹若流水不绝，以之击水，可令江水折扬。这柄属镂剑置越宫三代而未损伤一人之毫发，白发垂髫皆能持之舞，若国王登城而麾之，可以顿使敌人三军失败，流血千里，此有人之神，始显剑之威也，人之神得之于人之智，凡击剑者必先能踢腿、劈叉、弹脚、查拳……跳跃闪展，灵敏巧捷，若豹奔、若虎扑、若熊击、若兔遁、若鹰之冲飞、若猿之纵跳……躲闪攻击，轻快敏捷，手脚灵活，始可击剑。"

勾践叹道："寡人今年四十五岁，始闻剑术，士兵习此，需多少时日始可击人？"

南林剑女揖道："士兵用于战争，一年时间。先练一些跑跳纵跃、摔跤擒拿等手脚功夫，无非是拳打胸、肘撞肋、脚蹬肚、头顶腹的粗糙伎俩，打练起来，能够撩拨灵活，轻快飘洒，便可软刺硬劈，搏虎斩蛟，击人则无不立倒。"

"是这样吗？"范蠡问。

"当然还有。"剑女说，"如何用剑刺杀敌人，保护自己，闪避敌人剑锋，引诱敌人到自己剑下，以便砍杀，剑锋如何对准敌人要害，如何将力量运用于剑锋之上……这些则不是人能教练，是需要士兵自己在战斗中学习的。"

范蠡谢道："此后就请剑女教练士兵，我在这里先拜谢了。"

剑女诚恳地说："国破家亡，人无不以为羞耻，草民焉能无恨？然越国与吴国濒海临江，多湖泊溪河，剑再长，也无法施展其技，请相国重用丈人陈音，民女自不敢逃其责。"

范蠡回首，望见陈音已经立起，正朝这边施施走来。这陈音身材魁梧，肩阔臂粗，慈眉善目，胸前飘着髯须，来到观台前。范蠡命人搬来绣墩，陈音并未就座，向勾践长揖道："大王，南林剑女父亲乃越山埤中大剑客，内功尤佳，臣曾见其摘一片枫叶，遥掷草中一只野鼠，鼠被枫叶击中，像被剑刺而死，令人骇异。有一次，臣与剑客在五泄溪谈剑术，忽然看见巨树上出现一只白色鸟雀，长尾而曲，昂首婉转啼鸣，悦耳怡目，剑客喜道，是处山青水碧，连鸟雀也这般俊美，正在说着，似觉耳畔有轻风掠过，回首一望，剑女倏忽无踪，忽听树上鸟叫，再抬头看，剑女已骑上树杈，将白鸟捉在手中了，快捷如此，无人可及，时剑女仅十三岁。臣儿女皆随剑女习剑，儿剑术不佳，仅能自保，故名凡篱；女得其轻巧之功，乃名俊鹚，前年被大王送往姑苏去了。"

范蠡问道："剑客叫什么名字呢？"

陈音道："剑客不愿留名，也不允许剑女言及自己的身世，因为剑女常着绿衣，便呼为'绿'，时人皆呼为'剑女'。"剑女笑道："老丈过奖了，何不射一弓三联箭，让将士们开开眼界呢？"

陈音微微一笑，从腰间解下一张檀木弓，弦上并排放着三支羽箭，左手持弓拊，右手指捏着矢尾，张目四顾，这时南风骤起，那旗杆顶端的越旗，展拂在蓝空里，猎猎有声。陈音大喜，将脸一仰，一放弦，在场众人都看见一支支羽箭相继射向杆端，第一支箭将越旗下面的绳子射断了，越旗向天空飞扬，这时第二支箭将越旗上面的绳子射断了，眼看越旗将离开旗杆飘荡远去，那第三支箭正及时赶到，射中越旗上面的那根断了的绳头，竟将绳头重新牢牢地钉在旗杆上面，越旗仍在蓝空中飘扬。

这一精湛的射技，顿令练兵场上成百上千的将士诧异得瞠目结舌，目不转睛地注视着越旗，似乎连空气也惊骇得凝滞不动了。

"好！"忽然有人尖声高呼。

"真好！"

"好极了！"

猛然间大家都拍手击掌敲击，纵跃呼喊，若狂飙卷地而起，似暴雨漫天倾下……

"学好射术，消灭吴国！"人们呼喊。

群情鼎沸，欢声雷动，有人啮臂为誓，一定学好射术与击剑；有人因能得到如此名师指点，激动得相互拥抱为庆；有人喜得热泪盈眶……

将士们人人喜气洋洋，长歌跳舞，如醉若迷。

勾践不停地鼓掌，缓缓起立，再也忍不住的两行热泪，一下溢出眼眶，从两颊落到胸前。那不是泪，那是十年来凝结于心头的失败屈辱的冰块，今天被将士们火一般的热情，融化开来。

"越国有救了。"

勾践下颌颤动，但说不出一句话，他快步疾行，来到观台前张开双臂，紧紧搂住陈音那宽阔的肩膀。

"谢谢你，谢谢！"越王咽了泪说，"请帮助寡人吧！帮助越国！"

陈音的泪水淌在颈项之间，连连点头，他已"含言言哽咽"了。

范蠡目睹此情，欢喜得振臂高呼："大王万岁！"

"大王万岁！"

全场将士一时间无不回望越王，眼睛都红红的。

突然，越王面向大家，高举双臂，竭力高呼："越国万岁！"

"越国万岁！"将士们再一次沸腾起来。

直到二千四百多年后的今天，人们还可以从奔腾呼啸的钱塘江怒潮声中，隐隐闻及当时越国勇士们的欢呼呐喊。他们决心为洗雪亡国之恨、复兴越国而勤奋习武，誓与强吴决死战，收复山河，重整江山。不甘愿被驱使的奴隶们站起来了，终将获胜，获得自由，这一滚滚向前的历史潮流，谁也阻挡不住。

这天是八月八日，是西施娘娘诞辰日。

久久伫立在观台后面的计倪，目睹了练兵场上这一幕最为壮观热烈的景象，深深地被感动了，几番举步欲前，皆裹足止住，他不敢将这一激动人心的气氛冲破，眼看着大王重新升坐王位，又郑重向六军诏令：所有将士必须跟从射师陈音与南林剑女习射、练剑，并且要以强弩为主，练好本领，消灭吴国。于是练兵场改称为射浦——此处在现在山阴城西五里处。

训练士兵习武才三个月，陈音病死，时人哀之，葬于山阴西南四里之民西，人尊称其为"陈音山"。剑女教剑一年亦辞归南林，练剑处留有"剑女城"，在山阴城南六里远的地方。

后人赞勾践练兵精神云：

击剑弯弓总为吴，

卧薪尝胆泪几枯。

苏台歌舞方如沸，

遑问邻邦事有无？

计倪缓步来至勾践面前，拜道："大王，向吴国借的粮食已经运到了。"

勾践心中一喜，问道："多少？"

"一万石。"计倪说，"是伯嚭长子伯勾押送来的，臣已命人将粮食运往会稽山中的屺岗储存了。"

"好极了！"勾践大喜道，"有兵有粮，吴国必亡。你要好好地接待伯勾。"

"还有，"计倪说，"太子适郢回来了。"

"在哪儿？"勾践快活得霍地立起，连忙问道，"他一个人吗？"

"不。"计倪说，"共有三千多名水兵，楼船三十六艘，戈船数百艘，满江海都是。先头水兵已陆续在海岸登陆，晚上太子就可回宫，舌庸已经率楼船山海迎接去了。"

忽然听见观台前面有人鼓掌哈哈大笑。

勾践、计倪并范蠡诸人大吃一惊，抬头看见一个人就在近旁，大约有三四十岁，长方脸，一字眉，目光灼灼放出神采，商人装束，着一身深蓝色的华丽衣裳，正朝勾践弯腰拜揖。

勾践厉声喝道："你是什么人？"

来人不慌不忙，再拜道："卫人端木赐特从鲁国赶来叩见大王。"

"啊，是子贡先生。"计倪笑着迎上去说，"先生光临，定有见教。"

子贡向四面望望，计倪挥挥手，范蠡诸人引众将士练武去了，计倪让子贡坐在绣墩上面。

子贡拱手问："今天练兵场上气氛热烈，大王在观看将士们习武吗？"

勾践点点头道："是的。"

"为什么要习武呢？"子贡又问。

勾践默然无言。

子贡停一会儿，回头向计倪说："太史聪慧过人，天下诸侯无不知，何以今日疏忽乃尔？"

"这不过是士兵寻常操练罢了。"计倪笑着说。

子贡摇摇头道："难道你们天天练兵都要高呼'学好箭术，消灭吴国'吗？若因习武而招致吴国生疑，那就太愚蠢了；若习武为复国，让人看见，那就会因此导致无法复国；仇还没报，先让人知道，就更加危险，这样事总该明白！"

勾践听了怵惕而惊，说道："直白地说吧，寡人三年石室囚房之辱，终生难忘，忍耻苟活，练兵习武，无非想生擒夫差，消灭吴国，以解心头之恨耳。"

"是这样的吗？"子贡沉思着。

勾践问："先生有何高见？"

"消灭吴国有三种法子。"子贡轻轻将右手拍了一下左掌说，"一要练兵习武，务须兵壮马肥，然后在战场上，与吴军兵对兵、将对将，打一场矛刺刀砍的硬仗，这样取胜不易；二可利用专权擅势、以蔽主明的谀臣伯嚭，除去伍子胥、华登、文之仪等重臣，则吴国必亡，但须等待时日观看吴国内变；三须挑起吴王与各国战争，如果吴国败了，大王可乘机复国，报仇雪耻，即便胜了，吴国的军民财力也都大大消耗，成为强弩之末势不能穿鲁缟矣，这时大王率军一旅，不费吹灰之力，便可击溃吴国，此乃上策。"

勾践望着子贡，目光痴痴地一动也不动，过了好久，才缓慢地说：“先生很坦率，指出的三种消灭吴国的法子都切实可行。只是要吴国跟别国打仗，那我们就无能为力了。”

“大王知道齐景公吗？”子贡的眼睛忽然明亮起来。

勾践点点头。

“是位老国王。”计倪插上来说，“他足足当了五十八年的齐国国君，妃嫔充斥后宫，子女众多。他最爱的幼女少姜嫁给太子波，少姜一心思念父母，日夜号泣，阖闾怜之，乃将姑苏城的北门城楼改造得十分华焕，更名为‘望齐门’，让少姜居之。少姜凭栏北望，仍不见故国，竟抑郁而终，死后葬于虞山顶，冀其游魂可望海外之齐国也。”

直到今天，常熟县的虞山上齐女墓仍在，旁边还有一座“望海亭”哩！

“子女多也有子女多的麻烦。”子贡不禁深深叹了一口气，“齐景公的嫡夫人燕姬生了一个儿子，可惜死了，前几年，他的宠妾鬻姒竟也为他生了一个儿子。”

“是名字叫荼的吗？”勾践想想不觉也笑了，“因为年幼，国王就叫他为安孺子，很得齐景公宠爱。这位老国王常常趴在地上学老牛爬行，口衔绳子，让孺子牵着走，‘孺子牛’大名天下尽知。有趣的是，一次，孺子走着走着，突然跌倒，把齐景公的牙齿也拉掉了。”

“因为齐景公太老了。”子贡摇摇头，“大臣们劝告他早日立个太子，以安人心，眼看齐景公都已七八十岁，可他还希望等安孺子长大一些，立为太子，又不肯说出口。因此一推再推，直到病危，着急了，恐死后内乱，才将世臣国夏、高张召到床前，要他们立荼为太子，并将另外的五个公子迁到莱邑，以防内乱。公子之中最长的是阳生，跟阳生处得最近的是大夫陈乞，陈乞怕阳生被杀掉，劝阳生带着儿子壬与家臣阚止逃往鲁国，接着，公子组也逃往鲁国，公子嘉、公子驹、公子黔都奔卫国去了。到秋天，齐景公死了。第二年，就是周敬王三十一年，国夏、高张立荼为齐国的国王，二人乃左右秉政。陈乞表面上一方面讨好国夏、高张，另一方面勾结鲍牧，谁知他竟然于六月二十三日杀高张，迫使国夏出奔莒国，立阳生为悼公，自为左相。陈乞旋即弑安孺子，又杀了右相鲍牧，自己独相齐旧。立国书、高无军、鲍息为继三家之祀。周敬王三十五年齐国发生一件事情……"

"这位齐悼公也太不安分了！"计倪叹口气道，"登位后头一件事就是将还不懂事的弟弟荼杀死，将荼的母亲赶走，把父王齐景公的嬖臣王甲杀了，将江说抓起来，王豹囚在句渎之丘。悼公即位第二年，邾国君益傲慢无礼，鲁国上卿季孙斯引兵伐邾，捉住益，囚在负瑕。益的夫人是悼公妹妹，悼公勃然大怒，就派人到吴国，请求出兵一齐伐鲁，只是这一仗没有打成。"

"为什么呢？"勾践问。

"事情搅在一起了。"子贡接上去说，"悼公在鲁时娶了季姬，返齐后，季姬不回齐国，悼公又一气。周敬王三十三年五月，齐伐鲁，不久便攻占了两个城池，鲁国慌了，忙将季姬送到齐国，怕吴国与齐国联合起来攻打鲁国，又将益也放了。悼公把两个城池退还鲁国，齐鲁两国又和好如初。"

"周敬王三十五年发生什么事了？"勾践关切地问。

"这就叫招鬼进门——活得不耐烦了。齐悼公请吴兵伐鲁，虽然吴国到鲁国有两千里之遥，行军要走三个月时间才够，而吴军终于来到鲁国，还接连打了一些胜仗。季孙斯向吴军求和，说道：'吴国攻邾是不得已的呵！吴国和鲁国才订盟约不久，鲁国不敢背弃盟约上所规定的，每年得向吴国缴纳贡赋八百车，鲁国地面小，如何担负得起？鲁国从邾国顶多得到六百车贡赋，自己贴一些，就保证对吴国的贡赋不会缺少了。不然的话，叫鲁国拿什么进贡给吴国呢？'吴国想想也是，就也与鲁国订了和约，这时是周敬王三十三年。第二年春天，齐悼公派大夫公孟绰到吴国，对夫差说：'鲁国已经服罪，不敢劳动大王军旅了。'夫差勃然大怒，喝道：'吴国军队，难道由齐国随意调遣吗？难道吴国是齐国的属国吗？滚开！我要去齐国问问，你们为什么一时这样，一时那样？'看，吴国和齐国的战争不是一触即发了吗？"

"啊！"勾践吐了一口气，并没有回答子贡。他明白子贡是个商人，一张嘴巴两层皮，没甚紧要，自己若再触犯了夫差，那就不是关在石室里喂喂马的事了，有可能会人头落地，一命呜呼，这使他不得不谨慎行事。

"事情还不是如此简单，实际上吴国与齐国已经打起来了。"子贡望望勾践，继续说，"因为鲁国利用了这一良机，送些金银珍宝给吴国，说愿与附庸小国共同出兵，跟吴国攻伐齐国。吴国非常高兴，在周敬王三十四年冬，就兵分两路攻打齐国，夫差自己率领士兵沿邗沟北上；徐承率领水师自黄浦江入东海，直奔齐国的琅琊而去。夫差大军才到齐国边界，鲁国并其附庸小国邾国与郯国的士兵也到了。四国联军一举攻占郎城。齐国上下，无不惊惶，人人怨恨悼公无事生非，招来外侮。丞相陈乞又死了，他的儿子陈恒继承相位，在齐悼公阅兵时，陈恒用鸩酒将齐悼公毒死，这是周敬王三十五年春天的事了。陈恒向夫差告讣道：'寡君得罪上国，劳师远伐。今寡君暴疾溘薨，上天代大王行诛，幸赐矜恤，勿陨社稷，愿世世服侍上国。"

当时夫差命徐承率领大翼、小翼无数，自今日之吴淞江，经吴江、昆山、嘉定、青浦，到上海的黄浦江，径入东海，向齐国驶去，进行了史上有记载可查的第一次海战。水兵们忽觉眼前一片汪洋，除了几只水鸟翱翔于长空水面之外，就是浩浩荡荡、横无际涯的海水了。天泱泱以垂云，浪加施而溃涌，四海溟涬，渺渺乎如无穷极矣。这些吴国水兵平日很少在海洋里训练,这番船行约两千里,士兵们便人人呕吐,加之进食饮水少,直累得头昏目眩、筋疲力尽。好不容易到了山东,徐承叫船只停泊在齐国的琅琊海口灵山湾里,密密麻麻,倒很壮观,打算休息几天,登陆攻齐。没想到四更天时,晓风渐起,一阵鼓声响起,灵山湾外突然涌进成百上千只齐国戈船,船上人手执长矛、砍刀与火把,齐声呐喊。那戈船不大,往返如梭,十分灵活。靠近吴船,齐兵便将火把投向吴船,还用砍刀将吴船砍出许多裂口,让海水灌进。待到吴兵惊醒仓促应战时,但见火逐风飞,整个灵山湾都被火烧红了,漫天彻地,也不知来了多少齐兵,无不惊骇。所幸的是吴兵带来无数强弩,就用箭向戈船上乱射,戈船虽能冒烟突火,但却低于大翼、小翼,袭击不到吴兵,反被吴兵射死不少。天色逐渐放明,齐兵一声呼哨,戈船尽皆散去,吴船不敢追赶。到天明,徐承见士兵被火焚水溺、中枪着箭的很多,十条船有六七条都被烧坏砍破,又怕齐兵前来袭击,只好一面领着船队回国,一面派传骑驰告吴王。夫差听说,暗暗吃了一惊,并没声张,便亲自前往齐国军营之外拜祭齐悼公,过了三天,带着军队回姑苏了。"

"吴国军队也败了!"勾践大喜,这增加了他击败吴军的信心。

"事情还没完呢。"子贡摇了摇头,说道,"陈恒立齐悼公的儿子壬为简公。齐简公却很聪明,拜陈恒为右相,将自己的家臣阚止立为左相,借以分散陈氏的权力。陈恒满肚子火,再看看大臣之中国书、高无军无不是陈家的死对头,决定斩草除根,心才能安。于是奏明齐简公道:'鲁国伙同吴国攻打齐国,气死老王,此仇不能不报。'齐简王认以为是。陈恒乘机将此心腹留在朝中,荐国书将中军、高无李将上军、宗楼将下军,并将闾兵明、公孙夏、公孙挥、东郭书等都送往战场,现在战车千乘已屯于汶上矣。"

"是这样的吗?"勾践迟疑了一下说,"看来齐国准备讨伐鲁国了，这与吴国无关呵！"

"大有关系。"子贡说，"夫差上次攻齐，志在必得，故而动用全国水师，很想出其不意地在琅琊登陆，与他的士兵合围临淄，一举而屈服齐国。真没料到，吴国水师不仅未得逞，反而惨败了。"

"这对飞扬跋扈的夫差是一个大大的打击。"勾践喜悦地说。

"可也引起了他强烈的报复之心。"子贡说，"夫差过去就曾经两次约会鲁国讨伐齐国。"

"鲁国怎样呢？"勾践问。

"如今齐军已屯兵汶上，朝夕即入鲁境，鲁人反而日夜望吴师至，若久旱之盼甘霖，可夫差又犹豫了。"

"为什么呢？"

"怕大王乘机报复！大王这样大造声势地练兵习武，难道以为吴国一点也不知道吗？"

勾践懊悔得半晌也说不出一句话来。

计倪摆摆手说："大王，这也没有什么关系。我们仍跟平时一样，去吴馈送朝仪。不过这次大王要亲自去，这样一可表示大王忠于吴王，以趁夫差骄而好佞之心；二以重宝贿吴群臣，可用伯嚭专而善谗之口，既卑辞尽礼，夫差则无后顾之忧，精兵尽北去，内地空虚，姑苏可唾手而得矣。"

子贡道："善哉，太史之言也。重振于越，为期不远，我现往说吴王攻齐，唯盼大王早日去姑苏。"

勾践听了再拜而谢道："先生知寡人怨吴王，深于骨髓，今自量国弱不足伤强吴，身不安枕席，口不知甘味，专心专致、苦心劳力已久，先生赐教，是存亡邦而兴死人也，敢不奉教乎？"

子贡跨上马，拱手告别。勾践赠黄金百镒、宝剑一、良马二，子贡不受。勾践亲送十里外，方才返回会稽。

子贡拍马离开会稽西门，北上到灵芝，再前行，入镜湖——黄帝曾铸镜于此，故名。湖面宽阔，色绿如蓝，水波不兴。子贡不觉放松马缰，纵马缓缓沿着湖边行走。时值深秋，碧叶黄疏，只留下三五片残破的小叶，在树枝头被萧瑟寒风吹得簌簌发抖。连天衰草，皆呈沙土颜色，干枯可怜。一阵阵西风迎面扑来，已有凉意，蓝色天空时时有列队而过的雁群，沿着三山向南款款飞去，哀哀啼鸣，赶往暖处躲避寒冬。湖面上有许多人骑着木段，用腿轻轻划水，让木段漂浮着不致翻滚，手里持着一头削尖的长竹，注视着水里，发现有鱼，立即撒手投刺，只是很少刺着。有一些老人发如乱草，面目黧黑，人人仅在胸口缚把干草以避风击。子贡见了，不禁悯然，再看自己肥马轻裘，实在不能不使他的内心激荡、面孔微微发红了。

"我今年足足三十七岁，跟孔丘老师断断续续读了有好多年书了，究竟学到些什么呢？哪些学问有用呢？"

想到这些，子贡心里一阵酸楚。

孔丘时已六十八岁，教了三十多年书，博学多能，有学生几千，不少学生颇享盛誉，可在各国府门中谁也不相信这位才德兼备的老人。孔子是块美玉，他不甘愿藏在宝匣里，而希望得到人们赏识，派上点用场，能够用于治国平世中，所以常说，如有人用他治国，一年便可整顿纲纪，三年就可以大见成效了，可是谁也不用他。他在自己的鲁国郁郁不得志，周敬王二十四年，便带一批学生到处游说，十四年走遍卫、曹、宋、郑、陈、蔡、楚等诸侯国家，都没有得到任用。回鲁后，只好整理《诗》《书》《礼》《易》等古代文献，并删修鲁国《春秋》，可想而知当时孔子的处境是十分凄凉的，他那"如有用我者，吾其为东周乎"的雄心壮志已经没有了，而时时在眷念他喜爱的学生，如颜渊、子路、子贡……死的死了，走的走了。"从我于陈、蔡者，皆不及门也。"从内心深处，孔子发出了沉重的哀叹。

"学也，禄在其中矣。"一阵风吹过，子贡眼角突然落下一滴寒冷如冰的泪珠，他咽下一口凉气，连心也在冷得发抖，"先生自诩为'学而不倦，诲人不厌，……不知老之将至云尔'，结果怎样呢？连自己这个被誉为'瑚琏'宝器的学生又怎样呢？只能凭一点学识与智慧成为一个商人，怀智藏能，左右观望，于世间浮沉，营私于家，反言易辞，使白黑无别，候时转物，逐什一之利，赀累巨万，富可敌国。面对着眼前这些劳苦终日的奴隶们，更是感慨万千，他们衣不遮体，食难果腹，即便送一万个'仁'给他们又有什么实际的用处呢？天哪，我几十年都学的什么啊！'人而无信，不知其可也'。如果我说的全是真话，能救鲁国吗？"

天色骤变，灰云蔽空，子贡看看前面没有什么人家，慌忙猛甩数鞭，那马沿着水边小道，撒开四蹄，如飞一般地疾驰而去……

春光常驻帝王家。

"终于到了！"

子贡微微叹喟。

他远远就隐约看见巍峨雄壮的姑苏城楼，那上面展拂着一幅巨大的吴国旌旗，随着寒风，既庄严又庄重，缓慢地时卷时舒，映在寥廓的秋空里轻轻飘动着的白云上面，透出凉意，浸入肌髓，使人战栗。

"滚下来！"

子贡被炸雷般的吆喝一惊，跌下马，仰着脸，望见高大的红鬃马上坐着一位白发银须老将，目光如炬，伟岸壮硕，似乎比他高出半身。

"你是越国什么人？"老将厉声问。

"不，"子贡爬起来，"我是住在鲁国的卫人端木赐。"

"孔丘学生？"

"是。"子贡毕恭毕敬地回答道。

"从越国来？"

"是。"子贡不敢说谎。

"带回相府！"

老将把马一拍，先走了。

立即过来两名武士，将子贡送进相府。子贡明白，这老将就是鞭抽楚平王尸体的伍子胥了。不久前，他到吴国，送点礼品给伯嚭，伯嚭便避开伍子胥，偷偷领着他拜会了夫差。各国诸侯无不知伍子胥是一个坚决主张杀死勾践的暴烈如火之人。

来到大厅，伍子胥叫子贡坐在左首的绣墩上。

"你上次来过？"伍子胥问。

"来过。"子贡点点头。

"劝大王伐齐？"

"是。"子贡不敢隐瞒。

"为什么？"伍子胥声音高起来。

"因为齐国攻伐鲁国，已屯兵汶上。"子贡说，"鲁国兵寡势弱，无力抗拒暴齐，吴王仁义贯天日，兵强马壮，一呼百应，即便咳唾一声，也足使齐、鲁山摇地动。三年前，吴、鲁又有鄫衍之盟，是以敢请吴王举义施于鲁疆，苟活小民于水火。鲁国上下咸感恩垂泣，莫敢忘怀矣。"

"是孔丘叫你来的？"伍子胥容色厉肃。

"是。"

"孙丘比越国始祖大禹仅矮三寸，是鲁国巨人，还怕齐国吗？"伍子胥从不放过揶揄越人的机会。

"鲁国怎敢与强大的吴国相比呢？"子贡轻轻叹口气说，"即便太师还高出大禹一寸哩！"

"你如知道这点，就不该来。"伍子胥怒目横视，"孔丘自称有学生三千，其中贤人七十二，即便其常自诩为佼佼者的三人又怎样呢？贤者颜回，贫困早死，贤在哪里？勇者子路，时时顶撞孔丘，勇在何处？政者冉求，就连孔丘也不得不大声疾呼，要你们'小子鸣鼓而攻之'了，这是善政者吗？你这辩者子贡，纵巧口利辞，能言善辩，然奈吴人何？"

"我本来就不想说什么。"子贡摆摆手说，"我只不过是将齐国近况禀报于吴王罢了。"

"你太好了。"伍子胥脸比铁冷，"你关心鲁国，甚于卫国；关心吴国，更甚于鲁国。了不起！禀报什么？"

"齐国击鲁，意在夺取霸权。"

伍子胥说："如今晋国不是诸侯霸主吗？换了齐国又何妨？何害于吴？"

"那当然不同。"子贡郑重地说，"齐国攻占鲁国之后，欲霸天下，然后面对着的就是强大的吴国了。"

"你错了。"伍子胥话语冰凉，"齐国南是劲楚，西有强秦，晋国近年来连续伐卫击齐，也不见得容易对付。"

"它们都离齐国太远了。"子贡说。

"远？"伍子胥冷笑一声，"齐国到吴国，走陆路，或者走海路，都有两三千里路远，难道近吗？你从越国来，也一定见到勾践正在练兵吧？"

"见到了。"子贡一望伍子胥那厉肃面容，不免惊惧。

"吴、越两国陆连土、水通流，一呼吸间便能跨疆越境，近吗？"伍子胥声色俱厉。

太子友忽然走进门，向伍子胥摆下手，悄悄地坐在门边的绣墩上。

"何况吴国决不能攻齐！"伍子胥继续说。

"为什么？"子贡心一沉。

"齐国少姜嫁给吴国王父波，两国有联姻之谊，纵有纷争，亦犹疥癣，无大害也。况吴便胜齐，占有其土，也鞭长莫及，似得石田，守御无力，耕种乏人，无能为力。齐若攻吴，行军需三四个月，吴厉兵秣马，以逸待劳，犹如铁掌击鸠卵，齐无能逃其碎壳流黄之悲矣。今越矛正抵着吴背，吴每移步，总得回望，勾践乃吴心腹之疾。"

"越国怕无力攻吴吧！"子贡有些闪烁其词。

"事成乎坚其志。我只身来吴，终雪家耻；大王立庭训乃报先王之仇；勾践已磨刀霍霍，又得其外楚惠王之助，志在灭吴复国，不言而喻。你谨奉孔丘计谋，奔走于鲁、齐、吴、越间，鼓唇摇舌，将病驹说成神骏，枯草话成金条，想使大王挺胸迎齐剑，袒背受越矛之袭，何其毒也。我不杀你，你速去毋滞！滚！"

伍子胥瞋目发指，声若雷霆，将子贡的头脑也震昏了，哪里还敢再说什么。只见门侧走来四名武士，手执长矛，把子贡拎起，往门外推。

"听着！"太子友猛然起立，手指子贡说，"将他立即押至齐门外十二里之齐姜村，始逐他离境，纵其自去。"

子贡离开了姑苏城北的齐门。

这时已入晚秋，长空寥廓，子贡见眼前野草枯黄、万木萧疏，心却像被封闭在一只瓦瓿子里，阴暗而且闷郁，偶尔听见白杨树端留下的一两只秋蝉竭力长嘶，鸣声颤抖而凄清，哀怨绵绵。他自己有如浪迹天涯的游子浪人，拖着沉重疲乏的步子，正向家门口缓步慢行。到了门口，他却苍茫四顾，他已失去推开柴扉的勇气，不忍望见那终年倚闾而望的长者慈颜上，又刻上一道道忧伤而衰老的皱纹……

让我们将早已流失的时光仔细觅回，再看一遍吧。

那天，子贡看望孔丘老师，来到庭院，处处都静悄悄的，全无声息。他将手里拎着的两块肉放在厨房里，然后向书房走去，远远就望见孔子端端正正地坐在矮桌后面，没有刻竹简，也没有看书，只是痴痴地盯着左边屋角看。看什么呢？那儿空无一物，孔子精神萎靡，满脸愁云。

"老师。"子贡跨进书房，便恭恭敬敬地朝孔子叩首问安。

孔子慢慢抬起头，手指着绣墩说："赐，来迟也！"

"有事吗？"子贡吃惊地问。

"你没听说齐国正出兵攻鲁吗？"

"听说了。"子贡到绣墩上坐下，"鲁哀公位同虚设，军权掌握在季康子手里，季康子褊狭浅薄，自负其能，如此狂妄实在不堪齐国陈恒一击！"

"是这样，"孔子忧郁地说，"鲁国要亡了。"

子贡默然。

"你能救鲁吗？"孔子两眼一动不动地盯住子贡。

子贡也望着孔子，悯然生悲，老人长年累月地忧民忧国忧天下，就是没有忧自己，满脸皱纹加深，白发银须又添几许。才大如天命如丝，这是无可奈何的啊！他微微地将头摇一下。

孔子把眼光收回，看着桌面，像是思考着什么。

子贡何尝不明白，人只要抬头前望，不管陆地也好，高山也好，大海也好，路总有，条条宽广而且漫长，不过路不同，走的方法也不同罢了。有锁就有钥匙，寻找钥匙打开锁，这就得凭借人的智慧了。

"陈恒为什么攻鲁呢？"孔子像在自语。

子贡答道："一洗鲁、吴去年侵郯之耻，二欲借机削弱国书、高无平势力，树立自己的威势，巩固自己在齐国的地位。"

"好办了！"孔子右手轻轻拍下桌边，"把陈恒烧鲁的战火，往南推烧吴国去。"

于是孔子就将"推火烧人"的想法讲了，子贡也以为可。

"陈恒恣肆逞威，夫差骄矜自负。勾践诡谲多变。游说时要审时度势，注意方式！"

子贡站了起来。

"子张想去齐国见陈恒，我没应允；子石想去，我也没有应允。"孔子摇摇头说，"只有你去，我才能放下一颗忐忑不安的心。"

孔子将子贡送到门口，一再叮嘱小心，务必将战火由鲁国推移到吴国去，不能失败。鲁国不能亡，鲁国人民再也经受不住战争的灾难了。

"仁者爱人！"孔子补充道。

子贡听到孔子的声音有点干哑，不觉止步回望，见孔子满脸忧伤，仍伸出瘦瘪的右手向他招着，那一双枯柴般的手臂似乎风大些就能够将其吹折一般。

"难道仁者只爱鲁国人？"子贡不觉一旺，"不爱吴国人？不爱齐国人？不爱越国人？不爱卫国人？……"

"有事吗？"孔子见子贡神态犹疑，有点焦急了。

"没什么。"子贡也觉得自己有点神不守舍，忙转移话题补上一句说，"有两块肉放在厨房里面。"

孔子这才微微一笑。

子贡凭着自己是孔丘弟子的声望，仗着"家累千金，富可敌国"，能与诸侯"分庭抗礼"的身世，来到齐国不久，便前往见陈恒。他见到陈恒张开两腿，平直伸着，箕踞而坐，就掉头回走。陈恒一惊，忙请回子贡，问他为什么这样。

"我不是来谈生意，更不是有求于你，而是救你来了。"子贡生气道，"可你却这般无礼地接待我，那我回去也罢。"

"救我？"陈恒微露惊讶，请子贡坐下，问这话是什么意思。

"听说丞相正出兵伐鲁？"子贡问。

陈恒点点头。

"鲁国难打！"

"为什么？"

"鲁国的城墙既小又矮，护城河狭窄而水浅。"子贡叹了一口气，继续说，"鲁哀公愚而不仁，季康子浅薄无能，士兵怯勇，庶民怨战……"

"难道你认为齐军软弱得连这样的国家也攻占不下吗？"陈恒奇怪极了。

"齐国吗？"子贡极口赞誉道，"兵强马壮，所向披靡，将军国书勇猛无敌，天下人无不畏惧。"

"那你的话是什么意思？"陈恒有点恼怒了。

"我为丞相着想。"子贡说，"丞相无力控制齐国军权，惧国书也。国书胜鲁，势力益增，愈难驾驭，丞相欲揽齐国大权，不就更加困难了吗？"

陈恒深深吸了一口冷气，这正是他日夜忧愁的事呵！他时刻顾忌国书赶他下台，甚至杀死他，为其父国夏遭受自己父亲陈乞的迫害而报仇。

"那怎么办呢？"陈恒有点发急，"齐国军队已经开出去了。"

"这无大碍。"子贡摆摆手，"你快跟国书讲，听说吴国正调集军队来伐齐，叫他按兵勿动。"

"吴国会伐齐吗？"陈恒有点疑虑。

"这包在我身上。"子贡拍拍胸口站了起来，"我这就走，一定叫吴国出兵伐齐。"

子贡来到吴国，又去过越国，见到了夫差与勾践，凭他三寸不烂之舌，说活了两颗不同之心，都愿为出兵攻齐尽力。然而就在即将一锤定音的关键时刻，竟然碰上严峻执拗的伍子胥，赶他出境……

他往哪儿去呢？思前想后，唯有返鲁，可如何去见孔丘老师呢？

走进齐姜村，四名吴国武士走来。这儿是齐国少姜来吴时的休憩之处，波亲至这里迎亲，当时这条离姑苏城十二里的路两旁，观者成百上千，欢天喜地，载歌载舞，丝竹合奏，管乐齐鸣，真是处处锣鼓处处歌，盛况空前，如今却寂寥无声，一片荒凉，无比萧瑟了。

"子贡先生。"一人向他拱拱手道，"我奉吴王之命来迎接先生。"

这真是绝处逢生，子贡大喜过望，握紧来人双手说，"太好了，好极了！你是伯嚭世兄吗？"

"是。"伯嚭满脸堆笑，"先生在蛇门被太师带走后，吴王就知道了，请上马，与我们一起由平门入城。"

伯嚭与子贡并马而行，后面有八名骑士簇拥着，一路无阻，入宫觐见夫差。

夫差大喜，问道："先生在会稽，见到勾践了吗？"

"越王正在观看练兵。"

"练兵？"夫差问。

"不过只有几百个人。"子贡不紧不慢地说，"他听到大王将伐齐救鲁，说越乃吴之附庸小国，不敢不为大王效力，近日将亲自来姑苏朝觐大王。"

"是这样吗？"夫差心头上的片片疑云渐渐逝去，感到无限轻松，说道，"寡人将移劲旅北上。太宰，你先准备起来。"

"是。"伯嚭躬身，连连应诺。

子贡事后并未马上离开姑苏，他要等待勾践会见夫差。

第二天，子贡在伯嚭的陪同下游览姑苏城。这日天朗气清，万里无云，一轮白日挂在天空。数不清的男女老少，如水一般涌向胥门，都说观看西施娘娘进城，子贡不觉也随着人群沿河道往胥江走去。沿途有好些河道修整一新，几条大河不但河道拓宽，而且河岸都用石头砌得笔直，太湖水碧沉沉地经过河道东流入海，岸上挤满人群，个个翘首西望，等待西施娘娘。

原先越国太史计倪进贡给吴国许多花卉香草，岑出公公命花匠皆移植于太湖岸边一座小山上，名其为"香山"。香山在胥江北边。馆娃宫内时时要熏香，每每采集香草时，船从灵岩山出发，得先到横塘，再南去胥江、循江，西入太湖，复沿湖岸北上香山，绕路太多。这一天，夫差站在灵岩山顶，用强弓硬弩尽力朝香山射去一箭，遂诏命上万军民沿着飞箭所经处，掘出一道笔直小溪，名"一箭泾"。夹溪两岸皆植花卉香草，妃嫔宫女来采摘花草时，趁机嬉戏，纵情玩乐，在香草丛中追逐，阵阵欢声，像一群群蜂蝶翩翩，纷纷然上下飞舞。众女于小船里击水相嬉，处处笑语，致令唇边腮旁的胭脂也滴入溪里，水面流红矣。舟中岸畔，处处歌声响彻入云，莺去燕来，欢快无穷。才一两个时辰，便花草满载，一条条小舟冲开水面上的残花剩草，划破碧水，这班"擒香网脂"的女强人，于欸乃声中，胜利地缓缓归去……

"来了，来了！"

忽然有人高呼，霎时岸边人头攒动，引颈西望。子贡也看见了，水面上徐徐漂来五列五排共二十五条彩色莲舟，莲舟两侧都绘有黄龙绿凤、白云红珠，载着香草丽菊，氤氲香气暗中飘散，令人怡目爽心、清新无比。每条莲舟均由一名身着彩衣的宫娥轻轻划拨，后面引来一条接着一条的帆船，帆船近岸两侧都有莲舟护卫，船帆用锦缎制成，船上悬灯结彩，各载着四名至八名宫娥不等，敲锣打鼓，摇铃振铎，弹琴拨瑟，轻击响板重击筑，横吹短笛竖吹箫，抹古筝，弹箜篌，捻琵琶，吹竹箢，鸣笙角，奏唢呐……阵阵钟鼓、丝竹之声盈耳，真似置身于仙境幻乡中矣。中间一船略大，为红锦帆。舱内两旁各一控着四名宫娥，持扇持羽，捧香炉、彩镜，端方盂、兽奁……中间两张狐皮椅上，南边坐着夫差，气概豪迈，北边坐着西施，丽质天姿，英雄乎美人，无能逾此矣。船经过处，气派无比，民呼万岁，欢声雷动，后面又是绵延不绝的彩色莲舟……给后人留下"锦帆河""胭脂河""采莲泾""采香泾""西施迹"等不少胜迹。子贡见了，也为之叹道："人言夫差'好疲民力……台榭陂池必成'，果不谬矣。吴国岂能久长？"

忠臣末日，伍子胥自刎

伍子胥逐渐被吴王疏远，他决定把儿子伍封托付给齐国的鲍氏，他对吴王彻底失望了，他要准备后事了。

吴国大军在姑苏台前誓师北伐，吴王夫差检阅部队。

忽然，伍子胥白衣白冠出现了。

夫差大吼道："伍子胥，你这是干什么？"

"臣只不过是模仿秦国秦穆公时的百里奚和蹇叔。当年，秦穆公派军队偷袭郑国，百里奚不能劝止，就白衣白冠以送秦军。"

"寡人出兵中原，并不盲目。齐国田氏专权，内部纷争，正是攻打齐国的好时机。"

"上天如果要灭亡吴国，就会先让大王顺利地打败齐国，这样，大王就会转而攻击晋国，到那个时候，吴国就危在旦夕了。上天如果不想要吴国灭亡，便会让大王攻打齐国失利。大王别先忙着北伐，先去灭掉不怀好意的勾践吧。"

"你瞎了眼了吗？越国的军队就在我们北伐的队伍里，大军即将出征，寡人不和你计较，等到吴军凯旋，再和你理论。"

吴国大军在伍子胥的泪光中北去了。

历史常有惊人相似的一幕。伍子胥就像当年的百里奚一样，看清了事情的结局，却阻止不了糊涂的国君。但吴王夫差不是秦穆公，秦穆公后来认错了，秦国还是秦国，夫差却不一样。

吴王夫差说得不错，齐国由于田氏专权，内部党争不断，国力很难有效集结。公元前484年5月，吴鲁联军和齐国军队在第一次激战后，就攻下齐国的博城和嬴邑，齐国的先遣部队就这么完蛋了。

接下来，吴王夫差要对付齐国的西征军团。西征军团由齐国元老派贵族的后代国书担任总指挥，吴齐两军在艾陵（今山东莱芜东南方）展开决战。

一开始，齐军的左右两翼被吴军压制得动弹不得，但国书率领的中军，很快打败来犯的吴军前锋部队。如果齐军中间突破，吴军就很危险了。夫差急了，亲自率领吴军中军向齐军进攻，吴军士气大振，形势逆转。经过激战，齐军遭到彻底失败，国书被俘。

不过，齐国的主力部队完好无损。

战争是流血的政治，政治是不流血的战争。双方都无法吃掉对方，就得坐下来谈判。但吴国毕竟在战场上胜利了，夫差把国书的脑袋和谈判书一起送给齐简公。在子贡的斡旋下，齐简公表示愿意休战和谈，双方订下了有利于吴国的盟约，夫差神气十足地回国。

天下诸侯都颤颤巍巍地看着这位南方蛮人吴王夫差，不知他下一步要干什么。他的父亲吴王阖闾，攻入楚都后奸淫抢掠，而今的夫差割下对方元帅的脑袋。吴国人太野蛮了。

吴国君王只相信他们身上的肌肉，不懂得树一面冠冕堂皇的大旗，收拢人心。当年，管仲树起一面大旗：尊王攘夷。周王得到

第三章　吴王滥杀，英雄难过美人关

表面的尊重，开心；各国诸侯团结在齐桓公周围，抵御北方胡人的威胁，大家得利。吴王夫差则缺乏这样的政治智慧，注定成不了齐桓公。

缺乏正义支持的武力，无论多么强大，迟早都要失败。

打仗第一要钱，第二要钱，第三还是要钱。沉重的战争开支使吴国的老百姓开始怨声载道，不过这种怨声传不到夫差的耳朵里，伯嚭总是对他说：形势一片大好！

夫差回到吴国，脱下征尘，抱着西施亲热，他要得到他的美人的夸赞。夫差人到中年了，面对年轻貌美的西施，他尤其渴望这种夸赞：夫差是天下第一英雄！男人喜欢在战场上和床上逞能，需要他爱的女人崇拜。西施给了，西施要让他疯狂，这样，她才能再见到范蠡。

疯狂之后，夫差就要杀人了。

"寡人大获全胜，伍子胥那个老家伙，却诅咒寡人，我要他从此永远闭嘴。"

西施劝道："伍相国虽然在政见上与大王不同，但对国家还是很忠诚的。"

"他倚老卖老，背叛国家，还有什么忠诚可言？"

"背叛国家？"

"他将自己的儿子托付给了齐国人，要不是伯嚭告诉寡人，寡人还蒙在鼓里。"

"那就太过分了。"

西施知道伍子胥将被杀，心里窃喜。

夫差召见伍子胥，指责道："从前，先王为了你和楚国结下大仇，如今你年老糊涂又不安分，总是反对寡人的意见。你说吴国不能去攻打齐国，寡人这不是大获全胜了吗？"

"先王为伍子胥报了杀父之仇，所以伍子胥一心忠于吴国，才触犯大王。"

"忠于吴国？你的儿子呢？是不是已经秘密送到齐国了？把儿子送走了，你下一步要干什么？"

"臣知道自己将要死在吴国，但我的孩子是无辜的。"

"身为相国，里通外国，你可以回家了。"

伍子胥踉踉跄跄地回到空荡荡的家中，一个人孤坐，一直到夜幕降临。这时，突然闯进一名使者，递上吴王赐给伍子胥的一把属镂剑。伍子胥一切都明白了，他对来使说："我死后一定要把我的眼珠挖出来，悬挂在姑苏城的城门上面，我要亲眼看到越军攻入城里的情形。"

来使退去。伍子胥老泪横流，想自己如何落到今天这种地步："我错生在达官贵人之家，楚平王因为一个女人，使我父兄抱冤被杀，我日夜想着报仇，这深仇大恨不是老天强加给我的吗？我一生爱憎分明，恨就恨之入骨，爱就捧一颗心来。我感激吴王阖闾收留我，感激吴王为我报了杀父之仇，我爱吴国超过爱我自己。我知道夫差刚愎自用，听不进忠言，但我忍不住，管不了我这根惹祸的舌头。"

伍子胥面向北方，心里默念道："别了，吾儿；别了，吴国的老百姓，我伍子胥阻止不了向你们逼近的灾难；吴王阖闾，我来了。"

伍子胥自刎而亡。

使者把伍子胥的话转达给吴王夫差，吴王夫差气急败坏，带人冲进伍子胥家里，看到伍子胥倒在血泊中，但是，伍子胥两眼圆睁，只是两个眼珠再也不能转动了，看得心高气傲的吴王也没有反应。那张令吴王夫差讨厌的嘴巴永远合上了，血还在颈部血管向外流淌。

下属问："要挖下他的眼睛吗？"

"挖下来，把它挂在城门外的墙上，寡人要让他看看，吴国大军是怎么征服天下的，把他的尸体投入江中。"

轰隆一声，装着伍子胥尸身的大皮袋投入江中。后来，老百姓知道伍子胥被杀了，赶到岸边，哭声绵延，和着江水声，给伍子胥送行。一连几天，江岸边烧着纸钱，火光照着吴国老百姓一张张流着泪的脸。

吴国朝廷只剩下一种声音了，终于安静了。伯嚭当上了相国，大权在握。

伍子胥享有极高的声誉，他的死震动了天下。吴国的敌对国家无不惊讶和高兴。它们惊讶吴王干了这么一件蠢事，高兴自己少了一个强大的对手。

越国上下一片欢腾。

文种兴高采烈地对范蠡说："吴王夫差杀了伍子胥，我们多年的目的达到啦。"

文种看着范蠡竟毫无反应，觉得奇怪。

"先生听到这个喜讯，为何反而郁郁寡欢？"

"这是越国的喜事，却是做忠臣的不幸，我们也是臣子啊。"

文种一愣，想了想说："伍子胥不幸遇上了昏君，我们越王可是个明君。"

"明君昏君是可以转变的。环境变了，形势变了，明君还能永远是明君吗？"

文种听后，呆呆地站着。

那一夜范蠡难眠。如果，越国复仇成功了，勾践会永远是一个明君吗？困境中的君主当然会礼贤下士，成功了呢？成功的人容易骄傲。勾践在夫椒之战前不也是那么骄傲吗？骄傲的君王就会杀人。

范蠡想起了一件事，一次，门客玄子对他说："我给越王看了一个相，他颈子长，嘴巴向前，像鸟的嘴巴，眼神像老鹰的眼神，走起路来像狼。这种人可以和他共患难，却不可和他同享安乐。"

伍子胥尸体被投入江中的声音惊醒了范蠡，范蠡好像忽然明白了什么。

残暴杀人，愚昧至极

烟尘滚滚，五百匹金镫铁马急遽驰奔，疾若风雷，夫差一味催促，日夜兼程，飞返姑苏。

"这次北上击齐，胜得彻底，胜得痛快！"夫差纵目四顾，意骄志逸，"诸侯霸主宝座已在眼前，正待寡人升阶就座了。"

天苍苍，野茫茫，在长长黄土官道两旁的冈麓矮丛之中，不时冒起一两株紫色、白色或者红色的紫薇花，偶尔还会出现零零落落的鲜艳的一串红，为冷落的秋天荒原点色缀彩，但看上去，毕竟还是寂寞可怜的。风也似乎比其他季节强劲了不少，丝丝不停地迎面扑来，已经微微透出凉意了。

驺骑申公赤颏急驰而至，禀道："大王，可否在近处寻个宿地？"

夫差望望天色尚早，问道："前面是什么地方？不能再走一程吗？"

"不能。"申公赤颏向前面望望，摇摇头说，"前面是句曲，即便马不停蹄，也得半夜才能赶到。"

"句曲？"夫差大为兴奋，叫道，"那就连夜赶！"

"这不行。"奚斯说，"长途行军这么久，纵然人不叫累，马也乏力了。"

夫差召来王孙骆、伯嚭，命他们带领将士们自行返回姑苏，自己却领着二十余骑直奔句曲而去。

秋来早晚凉。

当血红的晚霞缓缓消失于长空之际，忽地狂风卷地而起，尘沙满天，乌云密布，眼前什么也看不见了。

申公赤颊禀奏道："大王放松马缰，任马徐行，老马识途，不会走失的。小臣先行一步了。"

说罢，疾驰而去。

走到半夜，夫差诸人又饥又渴，人困马乏，疲惫不堪，忽见远处飘浮着许多隐隐约约、时明时灭闪闪烁烁的火星，似碎涟漾去，又如游云游来，高高下下，散而复聚。正惊讶间，忽见申公赤颊飞骑而至，禀道："大王，西施娘娘在路边候驾了。"

夫差大喜，拍马先行，没多久，渐渐看清路旁有许多盏红色的大大小小的瓜灯。望见夫差，人们都伏在地上，欢呼："大王万岁！"西施、移光诸人都跪在路中迎接。夫差跳下马，宛夷子将马牵走。夫差扶起西施，令众人平身，喜滋滋地向西殿走去。

宫殿中灯火齐明，桌上放满酒菜，略事休息后，夫差由西施陪同共进夜餐。宛夷子领来女乐，夫差因过分劳累，下令免了，独自与西施饮酒说笑，甚为欢乐，对西施笑道："寡人筑梧宫于此，正为与西子相见之速耳。今北上一击，溃齐师十万，鲁人感泣；宋、卫诸侯无不惶悚，拱手听命。寡人屯吴师于汶上，不日将挥戈去晋，那时霸天下者若非寡人，其将谁属？"

西施一怔，问道："大王还要北上？"

夫差微微一笑，说道："吴乃蛮夷，自泰伯起，迄今已历二十六世，素为各诸侯国所轻，唯寡人好高，且能骛远，将称霸于天下，大振吴国之雄风，九仞之山行成，寡人岂吝一篑土乎？"

西施低头没有话说。

忽然隐隐约约传来小儿唱歌之声，由远渐近，又慢慢远去，音响凄切。

夫差召来宛夷子问道："什么人在这个时候唱歌，声音何其悲也？"

宛夷子道："这是本地小儿聚在一起，踏步拍手，信口和声而唱，乃儿歌也。入秋来，每夜都唱，童音清脆，故能传远。"

夫差问道："都唱些什么呢？"

宛夷子道："我曾亲自问了几个小儿，他们唱的是：'梧宫秋，吴王愁，黄了桐叶落御沟，随水流去难回头，进不得宫，上不得树梢头，吴王吴王愁愁愁。'乃《梧宫悲秋》也。"

夫差怒道："寡人乃天之所生，神之所使，威德成于天下，极人间富贵，何愁乎？速拘群儿至宫，尽杀无赦。"

须臾，虎贲抓来十多个小儿，最年幼者仅四岁，立在殿中，个个手足无措，惊慌不安。

宛夷子走上前问道："孩子，你们为何唱这样的歌呢？"

众小儿争着说："前些日子，有一个身着绯色衣裳的童子，教我们唱这歌，并且对我们说，深夜唱此，国无战争，家人平安。"

夫差喝道："一派胡言，拉出去砍了。"

西施忙道："慢！大王，若儿歌灵验，杀小儿无补于事；若儿歌不灵，妄杀无辜则不仁。况天运有常，春来万物萌生，则喜；秋至万物成熟，老陈凋谢，乃悲。大王悲喜与天同道，何虑乎小儿歌？"

夫差听说，方才有些愉悦，放了小儿，回头笑着向西施道："几个小孩儿，也劳烦西子花这么多心思？"

"几个小儿？"西施有伤痛地说，"十多条生命！"

"你真是。"夫差暗暗好笑，但还是忍住了，"此番击败齐军十万，尸骨遍野，流出的血使溪河水皆赤，那种壮观，怕你见着要

117

吓坏了。"

"那么惨!"

"惨?"夫差忍不住笑出声来,"这是战争呀!战争就是杀人,或者被人杀死。这次我们战胜了,吴兵还死伤三四万!"

"呀——"西施惊骇极了。

"胜利是用鲜血换取来的!"夫差一个字一个字地说。

"胜利?谁胜利了?"西施迷茫自语,"血已流尽,人死了,或者浑身满是大大小小的伤疤,士兵们赢了,胜利给予他们的只是死亡与伤疤吗?这就算胜利?他们需要这样的胜利吗?"

"你怎么了?"夫差睁大两眼望住西施,"胜利给士兵?士兵要胜利干吗?胜利只能属于寡人。你知道胜利是什么吗?胜利将使寡人成为天下霸主,各诸侯国每年春秋两季都得向寡人缴纳贡赋,犹如今天的越国每年要奉献给寡人八百车财宝那样,鲁国奉献八百车,邾国奉献六百车,宋国奉献六百车,卫国奉献六百车……你想想看,天下有多少诸侯国?寡人将得到多少贡赋啊!你不喜欢吗?"

西施并没有回答,只是怔怔地望着桌面。移光正将开口笑放在她与大王面前。开口笑也就是石榴,句曲的石榴大而呈橙红色,成熟时皮壳胀大裂口,露出晶亮如珠的颗粒,多水而甜,当地人称之为"开口笑"。

移光听说,微微一笑道:"娘娘,大王说的也许是人各有命,胜利原本属于君王的。普通人要胜利也没用,即便得到胜利,谁会给贡赋?有那么多的贡赋又怎么用?甚至连放的地方也没有。"

夫差点头笑着。

"唉!"移光轻轻吁口气,深情地说,"奴婢日夜所祈求的则是另外一件东西。"

"你祈求什么呢?"夫差问。

"一朵白色的月季花。"

"一朵花？"西施也显得颇为惊讶，"你日夜所祈求的仅仅是朵最常见的四季花？"

"是的。"移光连连点头，"四季花每月开花，也叫月季花，通常花呈红色，又名月月红，也有粉红色花，或者紫色花，或者黄色花。更有一种白色花，极为冷艳，若玉似雪，吐芬流芳，花虽谢尽，香犹抱枝不去，多出自大壑幽谷之间，色净志洁，非一般花所能有。奴婢儿时，常常被嬷嬷抱到外面玩耍，遇到人就喜滋滋地说：'这是我家的一朵白色月季花，纵日光推移，然贞艳无变。'于是取名为'移光'。嬷嬷每月必为奴婢换一朵白色月季花簪发髻，保佑吉祥。奴婢家屋前后都种的是白色月季花，一片洁白如雪，馥郁侵衣，远馨满村，宛如香国玉世界，令人忘俗。奴婢十四岁离家，恍惚间已七年，嬷嬷想已仙逝了。"移光眼里忽地滚落一滴泪珠。

西施深情地注视着她，夫差则沉默无语。

移光继续说道："嬷嬷常常讲故事，很迷人，左邻右舍，不管是大人还是小孩儿都喜欢来听。一次，她说：'人各有命，不可强求。'听的人都问她，'命是什么呢？'嬷嬷说，'老天爷放人下凡投胎，每人都发给一个包袱，这包袱就是命。包袱皮叫生活，里面包着一个人的生、死、耳、目、口、鼻六欲，喜、怒、哀、惧、爱、恶、欲七情。每个人所得到的吉凶祸福、寿夭贵贱等，如劳动与休息、宝贵与贫穷、欢乐与悲伤、健康与疾病、幸福与苦难都极为均匀，因为老天爷是最为公正无私的。人人拿起自己的包袱，欢欢喜喜准备下凡。这时老天爷突然想起，如果天上的人走光了，多冷清呀！还得要他们过些时候就回来，于是递给每个人一根绳子捆包袱用，也好背着，省点力气，这绳子叫死亡。包袱皮与绳子缚在一起，因此人有生也就有死。当人们走出天门后，谁都想知道自己的包袱里面是些什么东西，忙打开来，一看，哟，全是一些花花绿绿的纸条，上面都写着字，诸如：穿穿绸衣，着着破袄，吃几块肉，啃几根草，辛勤劳动，休息睡觉，欢笑不已，哭过没了……都是些什么呀！瞎扯皮！于是将纸条掏出来，扔掉。刚想按落云头下凡，被太白金星看见了，太白金星一定要大家将包袱并纸条让他看一眼才准许下凡。于是大家只好又跑回去找纸条，纸条很多很多，早成乱七八糟一大堆，分不清是谁的了。人们各自抓一些塞在包袱里，给太白金星看一眼，就急忙下凡投胎去了。抓着什么样的纸条，就过什么样的日子，这便是命，纸条抓得多的，寿长；纸条抓得少的，命短。人不管命怎样，寿多长，但是总得要死，因为没有人将缚命运包袱的死亡之绳解开、扔了，最终就必须死掉。’”

夫差听说，哈哈大笑道：“你嬷嬷讲的故事真是太有趣了，寡人一定是抓到命好的纸条了！”

“也许是。”移光认认真真地说，“嬷嬷说，我母亲生奴婢时，突见房里白光一闪，说明奴婢来到人间将生活在一片空白里，什么都得不到。如果是红光就不同了，可能成为一位贵人。”

西施心里微微一怔，忙问：“这与白色的月季花有什么关系呢？”

“因为奴婢命苦，嬷嬷就为奴婢祈禳禳灾。她说白色能给人宁静与平安，洁白如玉，苍黄而不染，终身坚贞不移，有似白色月季花，且四季常有，故以之簪奴婢发鬓，祈企安泰也。”

西施问：“到今天你还戴吗？”

“没有戴。”移光摇摇头说，“自从离家去会稽土城，到今天足足有七个年头，奴婢再没有戴过。”

“你不是也很平安吗？”

“可已失去宁静。”移光轻轻吁口气道，“奴婢算真正识运知命了。”

这时，西施又想到血流成河、尸体纵横的战争恐怖场面，不禁问："难道一个人去杀人，或者被人杀死，也是命中注定的吗？"

　　移光默然。

　　夫差想了一想，说道："我想这也是命中注定的。"

　　"是吗？"西施略露惊讶。

　　"就如寡人注定能杀别人，"夫差微微一笑，"而别人却不敢诛杀寡人，因为寡人是吴王。"

　　"这正说明大王有生杀予夺大权，不是谁人命中注定之故，今天大王存一善念，宽赦小儿，就保住十多条性命，不是吗？"

　　"那是因为他们有罪。"夫差说。

　　"大王曾命奴婢讲真话，奴婢不敢忘。"西施真挚地望着夫差说，"听说大禹出门，途中碰到罪人，必定下车垂询他们犯了什么罪，并且为之哭泣。他认为尧、舜之民，能以尧、舜之心为心，他的百姓则各自以其心为心，这因为他未能先恕而后教之故，才招致百姓犯了罪，心里感到难过。《书》云'百姓有罪，在予一人'，就说明了这个道理。大王若用诛杀来遏止百姓犯罪，犹如害怕蜂蜇而去捅蜂窝一样，反而会遭受到更多的蜂蜇。大王不能倒行逆施，自取其咎啊！更不能枉杀无辜，不然将悔之不及矣。"

　　夫差听后，沉默不语。

　　夫差端坐在高平里王宫黄龙的绣墩上，接受文武众臣觐见，又谈了一些胜绩战果。华登禀奏姑苏情况，特别提及太师返后，日夜劳辛，翻修姑苏东城匠门的一段，深挖两丈四尺，已成金城汤池，固不可破，能防东越人寇。去长水西偏南七十里之吴越接壤处，垒石为门——后人称之为"石门"。建晏城、何城、管城、萱城，以固吴疆，放吴民五千于其边牧养，筑墩高丈余，监视南边越人。南设游口泾、荫口湖、柴辟塞、鹎子墩、千人坡、南长营、烽火楼……越人行止，皆在目中，边有警，五千人可立至，故名其处为

"纪目墩"。还东去武原,欲渡浙水击越,道逢大风而归——"好了。"夫差听得不耐烦了,将举起来的右手往下一压:"太师执拗,老而又不自安恬逸,一味忙于防越,要灭越,想杀勾践,难道他不知道诸稽郢率领三千越兵助吴伐齐吗?"

"不久前,诸稽郢过姑苏城去携李,"华登奏道,"三千越兵个个耀武扬威,一人未伤,是吗?"

"是的。"夫差面呈喜色,"败齐也有他们一份功劳!"

"可我们竟然死伤三万七千四百九十五名吴国健儿。"

"打仗怎能不死人呢?"夫差恼了。

"可是越兵是怎么打仗的呢?"华登像在自语,慢慢地退回到自己的座墩上。

这一下激怒了夫差,他拍起桌子,大声叫道:"怎么打的?你没听见吗?我们全歼齐军十万,获得革车八百辆,虏获粮草、弓矛剑戟无数——"

吴差起立,两手交错于背后,气冲冲地迈步走向内宫。

好大喜功,耀武扬威

夫差大败强齐,秦、楚为之屏息东望,裹足不敢稍动,中原诸侯无不震惊,惶怵不安。晋定公在位达三十年之久,政权落入国卿赵鞅手里,赵鞅如今也年老多病,凡参与国内外诸事,必携子赵无恤同进同出,欲其继承卿位也。夫差知悉这些,料定这番北征无重大阻碍,愈加志气骄横,不恤民力,新挖并扩建了不少河道,而衣文锦,食粱肉,用之日新,居必台榭,宿有妃嫱,自己单独居住在一条楼船之中,宫娥们日歌夜舞,鼓吹游宴,丝竹之声不绝于耳。他已在喜悦的胜利中酣然入睡，梦着更大的胜利，几乎欣喜得发狂了。

"寡人将沿着自己开凿的河道北上，以扬国威，大张挞伐，横行于江淮，令诸侯惊恐，以逞寡人霸主之志耳。"

夫差的楼船从太湖北上，入芙蓉湖，那是一条新挖的河道，沿着这河道，北去大江。过大江，便进入四年前挖掘的三百里邗沟了，至末口，入淮水，近从淮水又开凿一条水道，逆水北上，与沂水、泗水连接，复曲折西去，经汴水，在宋国境内与济水汇合，去鲁至齐，交通都十分便利。为挖掘这条运河，当年死的人成千上万，怎奈夫差视民如仇，所欲必成，真愚而不仁矣。

这芙蓉湖中有个小岛，名小金山，东西略长，但宽、长都不过十丈，明花烟柳，好鸟时鸣，闲云时与白鸥齐飞，细泉水咽，松水涛涌，竹影摇空，苍翠夹道，清风徐来。夫差至此，环视山边水向东方流去，也叹为水中明珠，犹如一个洪水不沉没、水枯不见底的宝岛，乃是不可多得之处。夫差不觉多住几天——到战国末年，楚国春申君黄歇来这里，见万物欣欣，犹留歌声，葱葱茏茏，林壑传香，爱之不忍离去，改叫小金山为黄埔，今人名之曰黄埔墩。

再说伯嚭时而乘船，时而骑马，沿着水道前行。留三名传骑探听夫差每日行止，与夫差相距1天到三天行程。命驺从刁薪伴随儿子伯勺先行，到诸侯国领取过境文书，却事先打一声招呼，让人家准备好馈赠礼品并且接待，他自己则趁这个机会，拥姬醮酒，大大作乐一番。

这一天，伯勺抵达宋国边境，正碰上宋国皇瑗巡边。皇瑗得知伯嚭将过宋去郧，连忙通知向巢。向巢听说伯嚭至此，勃然大怒，立即与乐髡、褚师子肥众将士好好计议一番，将过境文书交予伯勺，放他回去。

第二天，日上树梢，伯嚭的前马撑起一面帅旗，上面绣着一个斗大的"伯"字，他的身后有四行并列的将军，个个骑着高头大马，耀武扬威。再后面是骑在马上持矛、扬刀、举盾、挎弓的士兵，旗后还有敲金擂鼓的军乐队与十六名随从。伯嚭披甲执锐，意气风发，却未见一名宋国官员出来迎接，正好诧异。忽见右侧有许多宋国骑士，一手持旗旄，一手握武器，衣甲鲜明，刀枪耀眼；马首朝着驿道，一匹一匹并排着，望不到头；马后是一乘又一乘战车，每车上立着五名宋兵，俱各持两丈四尺长矛，目光炯炯有神，勇鸷绝伦；护城河前列着无数左手握盾、袒右臂的扬刀壮士；城垛上彩旗招展，一个个弓箭手拉强弩怒视着驿道，铜铁头盔，明亮威武。更多的宋国骑士在驿道中来回奔驰巡逻，真是长者持矛戟，矮者拉弓弩，强者摇旌旗，勇者打金鼓，全军肃然，戒备森严，人无敢仰视。伯嚭大惊，不免有点"令仪令色，小心翼翼"了。

经过城门，伯嚭前军奏起乐曲，扬着帅旗，缓缓而过。忽见城楼上亮出一面绣着"向"字的大旗，向巢勒马横刀跃出，厉声喝道："谁人喧哗？杀无赦！"

伯嚭望见向巢晖目怒视，光若耀火，魁伟雄武，若天神然，左面乐党，右面褚师子肥，威风凛凛。城垛间霎时箭如雨落，射死骖从及军乐队士兵共十一人，伯嚭畏怖，不敢复前。

城门开处，忽见皇瑗单骑驰至，拱手道："寡君小眠未醒，太宰宜偃旗息鼓，可缓缓自去。"

伯嚭吓得面如白纸，浑身抖得如同筛糠一般，连声诺诺。忙令卷起帅旗，骑者下马，悄悄穿过城门前面，走了。

皇瑗一路上快马加鞭，疾如锥矢，来到莒国南边的不远处郧，不少诸侯、大夫都已纷纷先到，一座座帐篷排列着，帐篷顶上飘扬起各色各样彩旗。卫国大夫子木正在帐门外面踯躅徘徊，望见他，快步迎上，问道："大夫辛劳了，景公在后面吗？"

皇瑗连忙跳下马，紧紧握住子木手，说道："寡君未来。出公呢？"

子木长长叹了一口气说："寡君有些担忧，所以迟疑不决，最早也得下半天才能到。"

皇瑷向四面望望，低声说："这里的人多耳目杂，我们到子服景伯那儿聊聊，好吗？"

皇瑷回头关照侍卫搭篷、扯旗，拉着子木一起走进鲁国帐篷。子服景伯正跟子贡谈话，看见他们，忙站起来迎接，寒暄几句，俱各在绣墩上坐下，驺从献上茶，退去。

"卫人杀死吴国行人且姚，这次约会，寡君害怕极了。"子木先开口说，"朝中子羽大夫说，吴人无道，一定要侮辱寡君，还是以不赴约为是。我认为正因吴人无道，必然会惹是生非，加害于人，大树倾倒，压人一片，好狗发疯也能咬死许多人，何况强横的吴国呢？卫国是今天最弱小的国家了，敢与仅次于楚、晋的大国抗衡吗？他们只要伸出两只指头捏捏，也能将我们活活掐死，不去，只有自取灭亡而已，因此我们君臣才冒死前来。"

子服景伯听了哈哈大笑，说道："子木大夫还不知道夫差是个信谗寡智、愚而不仁之暴君吗？此人唯有观乐是务，玩好必从，喜安逸又不愿听谏，贪须臾之多而不顾后患，目光极为短浅，他哪会将一个小小的行人的死活放在心上？这都是'三似'太宰伯嚭怂恿他干的蠢事。"

"三似？"皇瑷听了新奇，忙问道，"什么叫'三似'太宰？"

"伯嚭全靠吹嘘迎合博得夫差欢心，得以位高权盛，然其人谄媚善伪。"说到这里，子服景伯的态度忽然严肃起来，"凡创业者，必以智取，不失时；以仁治，得人和；以勇断，决可否，始有成就。可伯嚭似智实愚，似仁却贪，似勇而怯，如此'三似'，岂能成事？"。

"哦！这倒是真的。"皇瑷不觉笑了，"这番伯嚭过宋来郧，一路上神气活现，大摆威风，被向巢射杀几个吴兵，吓得魂飞魄散，卷旗息鼓，乖乖地耷拉着脑袋走过城门前面，将十一名吴兵尸首运走，葬在莒境，名其处为'吴十一堆'。"

"不能这样说得松快。"子木心有余悸地说，"大象不吃人，也能将人压死。吴国兵多将广，夫差又好勇狠斗，刚愎自用，不要说打，就是略微张开嘴巴吐口气，也能将小小的卫国吹得无影无踪，能无惧乎？"

"怕也无用，"皇瑷面向子木说，"唯有智能取胜。寡君亦责向巢过于鲁莽，不敢前来赴约。我来了，甘愿就刀斧、赴鼎镬，也决不辱宋。"

"好极了，死且无惧，又怕什么！"子贡鼓掌道，"吴晋争霸，胜负一时难决。晋乃泱泱大国，其疆域略小于楚，然大于吴；吴曾败楚，军力似强于晋，但其给养难济，此地至姑苏至少数千里，非数月不至，岂不闻用兵制胜，以粮为先吗？这番郧之会，是吴欲夺我粮草，供彼军需。今我三国何不盟约，异声同辞，拒不与，吴畏我们扰乱其后方，他又能怎样？"

皇瑷连声叫好，说道："对对对，鲁、宋、卫三国大夫可私下结盟，'明神先君，是纠是殛'，亦属上策。"

子木道："卫国存亡，皆仰仗于二位贤大夫，敢不从命。唯望于危难时，能得上国援之以手耳。"

子贡笑道："三国既盟，皆兄弟也，溺而不救，不得为人。"

子服景伯、皇瑷、子木无不欢喜，就在帐篷里缔结了盟约。

没多久，帐外人声鼎沸，鼓声咚咚，金铎齐鸣，只见扬旗跃马，伯嚭来了，各国大夫纷纷出帐迎接，表示慰问。伯嚭昂首阔步，趾高气扬，见子木大夫，横目扬眉地问道："出公来耶？"

子木低首作揖道："宾君偶染小疴，体羸怯风，然不敢违命，将至矣。"

伯嚭冷笑道："犹持剑来否？"

子木吓得浑身冒汗，躬身俯视，哪敢回答出半个字来。

吃罢午饭，卫出公着四名驷骑悄悄来了，子木慌忙接进帐里歇息，饮罢茶，子木谈了鲁、宋、卫三国大夫私下结盟之事，卫出公惊道："你真是一波未平，又掀起一波，若吴王知道，如何了得！"

"此事对我们来说，料无大碍，只有好处。"子木摇摇头说，"宋景公抗命不来，情况就更严重得多。我看子贡智多识广，对事物敷陈析理，至为清楚，三国合力，又怕他干什么。"

正谈论着，忽见驷骑慌慌张张进帐禀奏道："吴兵举戟持刀，也不知道有多少人正朝卫国帐篷围来。"

卫出公听说后，几乎吓得浑身发抖。

子木抚慰道："君王勿怖，宜处变不惊。微臣且去就教于子贡，可解危困。"

子木拜见子服景伯，将吴兵情况说了。

子服景伯闻言，大怒道："吴人约会于郧，未会而为难卫出公，如此失礼，与会者心寒，子贡即去问问伯嚭是何道理！"

子贡携锦绸五匹，送给伯嚭，慰问途中劳辛，伯嚭大喜，请子贡坐，献茶。

子贡谢坐，问道："不知吴王何日可以到郧？"

"快了快了，"伯嚭满脸堆笑说道，"大王今日必达，明天会见诸侯，便去黄池，吴军已先行三日矣。"

"这么快？"子贡故作惊讶地问，"约会的诸侯都到齐了？"

"宋景公因为又老又病，不能来。"伯嚭说。

"这倒也是。"子贡掐着指头，算了一算，说道，"宋景公在位足足有三十四年之久；吴王在位仅十三年，虽属壮年，也已将近半百。人哪能不老？只有寡君犹在青壮时期，为诸侯中少有，想来太宰也年逾花甲了！"

"花甲？"伯嚭仰脸哈哈大笑，"老夫久过古稀矣。"

"这正是致政之年。"子贡笑着说，"太宰又被吴国拜为丞相兼元帅，文治武功集于一身，为卿大夫中所少见。还有其他诸侯吗？"

"有有有，"伯嚭心中一快活，嘴也快得多，连忙说，"还有卫出公，刚到不久，被我派兵围困在帐篷里，不许乱动。"

"为什么？"

"他来迟了。"

"他比吴王早呀！"子贡说，"他为什么迟，太宰清楚吗？"

伯嚭望着子贡。

"卫出公在位也已十年，体弱多病，国家虽小，事情却纷至沓来，无有已时。其太子蒯聩不安于戚，令他烦恼。朝中文武，人心不齐，这次出公来郧，一定和他的大夫们商量过。子木、瞒成、褚师比等人赞成来，子羽、浑良夫、鄾武子等人则反对。反复磋商，因此来晚一点，也无足怪。赞成他来的是太宰的朋友，反对的是太宰的仇人，今天太宰围困了卫出公，反对的人都说他们对了，拍手称快；太宰的朋友都灰心丧气，埋怨太宰。太宰约会诸侯，又将诸侯围困起来，诸侯会怎样想呢？吴国一旦称霸，哪个诸侯敢来参与盟会呢？"

一席话将伯嚭说得哑口无言，向子贡称谢不已，忙把包围卫国帐篷的吴兵全部撤回。

夜半，夫差率领文武大臣来到营地，命令不准喧哗不准声张，都悄悄进入帐篷，睡了。

第二天早饭后，夫差在大幕中会见各国诸侯并大夫。一时间，与会者济济满堂，人人"温温其恭""威仪反反"，肃穆无哗。夫差见到此等景象，只乐得心花怒放，还未开言，但见卫出公已到面前，俯首谢罪，并祝他西去顺利。

夫差哈哈大笑道："出公如约来参加今日盛会，不顾劳辛，过去之事，随时间的流逝都已忘了，不必斤斤计较了，请就座。"

卫出公表示感激，一再拜谢，才退到绣墩上坐了下来。

夫差首先开言道："中原自晋室衰微，久亡霸业，诸侯相伐，弱肉强食；国卿、士大夫犯上，侵权夺利，纷争无已时，寡人今西去，取代晋霸，一定中原。请诸公聚会，敢布此心，能得圣贤大才倾心竭力，集思广益，俾此行无失，则寡人之幸，亦霸业大幸也。务请诸公尽言无讳，共矢天日，决不加害。"

皇瑗拜道："吴大败楚、齐，降越，吞并小国无数，威震天下，乃当今强国，令旗所指，谁敢不赴？贱臣久闻大王自诩争取霸业必须'好高骛远'，岂不知此言不切实际，厌卑近而骛高远，卒地成乎？"

夫差答道："山上有峰，即便登峰造极矣，上面还有天，天外更有天，高无止境；怒骛日夜疾驰万里，犹未能尽征途之万一，况有四方八面乎？足不移步，一寸难达；人不攀登，不升毫厘，唯好高骛远者才有上进心，是高皆能攀，无远不敢往矣。"

"这样看来，大王之霸业大于齐桓公与晋文公多矣。"子服景伯问，"不知大王取代晋国后，将何所获？"

"哈哈！"伯嚭高兴得手舞足蹈，不禁大笑起来，"人言子服景伯智且慧，何愚昧乃尔？大王既为霸主，每年收各诸侯国缴纳贡赋有多少？吴国必然益加富且强矣！"

"住口！"文之仪恼了，用手指着伯嚭厉声喝道，惊得满座中人无不回首望着。但见文之仪目光如电，神情肃然，向众人扫视一番，连夫差也呆了。

"大王争霸岂取乎利？"文之仪高声说，"推仁、行义、致礼而已矣。"

全场人闻之帖服无声，连子贡也聆听不言。

"我们且不言洪荒时期开天辟地盘古氏，"文之仪说，"也不言天皇、地皇、人皇与黄帝、颛顼、帝喾、唐尧、虞舜三皇五帝，那些修德振兵、报虐以威之圣贤事业，均已迷茫不可尽知。舜为夏氏族，命禹治洪水。禹姓姒，名文命，常年治水，劳身焦思，度九山，通九道，才使天下滔天洪水东流入海。其时四奥既居，四海会同，民康且乐。舜命禹为帝，国号为夏后氏，夏氏族称呼始于此。今我们犹自称'诸夏'，以别于东夷、西戎、南蛮、北狄各族，他们要吞并诸夏，诸夏唯有联结才有力量抵御外敌，并可同化他们——"

"这就是我们大王急欲完成霸业之宏愿耳。"奚斯抢过话头说，"夷有东夷、淮夷、徐夷，虎夷等，戎有山戎、犬戎、茅戎、姜戎、骊戎、大戎、小戎等，蛮有荆蛮、越族、濮等，狄有白狄、赤狄、长锹等。交互攻伐诸夏，扰乱中原。远且不说，周景王四年，晋平公先败群狄与无终之戎，不久又起兵伐狄。那时长锹与赤狄已衰亡，白狄东迁，分为肥、鼓、鲜虞，晋灭了肥，两灭鼓国，屡伐鲜虞，还灭了陆浑之戎，'攘夷'之功莫大焉。楚曾迁阴地之戎于下阴；又俘蛮君及蛮民返回楚国，与晋、秦瓜分了中原和西方戎族；齐、鲁等国征服了东方夷、戎等族……可夷狄之势依然猖獗，尤其鲜虞，大王此去将扫荡使之靡有孑遗。"

"我们征服夷狄后必须同化他们，使之成为与诸夏混同的'华夏民族'。"文之仪继续说，"但这个民族必须'尊王'，共同拥戴周敬王，修职贡之礼。大王将听天子命，抑强扶弱，订弭兵之约，再与诸侯杀牲歃血，盟誓于神，言归于好，永不相犯。诸侯各修其政，安国富民，教民知义守信，使老有所终，壮有所用，幼有所教，鳏、寡、孤独、残疾者皆有所养，安居乐业，则天下大治矣。"

"人云：'四夷交侵，中国微矣'。"奚斯说，"我们处在四夷之中，故谓之中国，四夷宾服，中国富强。昔禹会诸侯于涂山，执玉帛者万国，今其存者，无数十焉，强吞弱，大并小；子弑其父者有之，臣弑其君者有之，是乃不仁。"

夫差听了哈哈大笑道："太傅所言甚当，寡人这番西去，意在'尊王攘夷'，推仁、行义、致礼，使九州同国、华夏一统，毋壅泉，毋遏粮，昆虫毋作，草木归其泽，庶民齐欢，普天同庆，那该多好。"

"这才是'好高骛远'哩！"子贡用左肘轻轻一触身旁的皇瑗，低声诮语，"一派狂言呓语，句句都能惊骇满座矣。"

皇瑗回过头来，微微一笑。

会毕，夫差约请众人再会于黄池，各国诸侯与大夫纷纷相互拜别归去。唯有伯嚭受文之仪羞辱，愤愤不已，欲迁怒以泄胸中怨气，乃语王孙骆道："卫出公胆敢杀我行人且姚，乱我后方，曷不执而除之，以遏诸侯骄逞？"

王孙骆道："今会既毕，大王对诸侯尽礼，宋人馈送了食物，诸侯都已告别，卫出公又得大王宽赦，丞相再惹事端，勿乃太过？"

说得伯嚭满脸血红，只好退下。

第四章

甜蜜陷阱，勾践大胆攻吴

西施在悠扬的乐曲中，翩跹起舞，婀娜迷人，进而训练礼节，使夫差如醉如痴，沉湎女色，不理朝政，终于走向丧身亡国的道路。勾践的计谋获得了成功，这是西施的功劳，更是勾践的精明。

黄池会盟，吴越交战

春秋时期，一旦某个国君觉得自己的力量足够强大了，就想要当霸主。霸主地位的确认需要一种仪式，这便是会盟，在会盟时当上盟主，盟主自然就被大家确认为霸主。

吴王夫差打败齐国之后，就觉得要组织会盟了，会盟也是为了要一个名分。

公元前484年，夫差大败齐军。第二年，他就组织了个小规模的会盟，但这次会盟搞得夫差并不开心。艾陵之战后，齐、晋、楚等大国对日益强大而又野蛮的吴国有了戒心，它们暗中又支持鲁国和吴国作对。

夫差派伯嚭邀请鲁国国君在橐皋会盟，但遭到鲁国国君的拒绝。夫差气得不得了，心想，我刚刚帮你打败了齐国，事后你就不给我面子。夫差立刻派特使向卫国国君施压，要求卫国和吴国联合起来制裁鲁国。不料，卫国也不买账。夫差大为生气，就要大动干戈。卫国首先屈服了，于是由卫出公出面邀请，鲁、宋两国国君也答应了夫差的会盟要求，最后在郧城举行会盟。

这次会盟规模小，参加的都是小国，效果又很差，夫差想酝酿更大规模的会盟。

夫差在到处得罪人时，范蠡建议越王广交朋友，为以后吴越决战争取更好的国际环境。越国暗地里结交齐、晋、楚，但表面上还是一个劲地支持夫差。一方面忙着挖坑，一方面推夫差入坑。

公元前482年春天，吴王夫差在黄池（今河南封丘）大会诸侯。周天子派单平公为代表列席这次会议，参加国有晋国和鲁国。

会盟表面上客客气气，私下里却是明争暗斗。

夫差要借这次会盟，把晋国这个中原老霸主给压下去，自己取而代之。为达到这个目的，吴国的主力精锐军团和各部落的后备部队都浩浩荡荡开向中原。

越国很快获知吴国后方空虚的情报。

勾践立刻召见范蠡，说："吴国的伍子胥已死，朝中多逢迎无能之臣。现在越国民心昂扬，应该是攻打吴国的好机会。"

范蠡说："因为时机不成熟，我阻止了大王多次攻打吴国的行动。现在，上天把好运送给了越国，的确是伐吴的好机会，但要把握好火候。吴王刚离开吴国不远，如果他知道我们攻击姑苏城，一定会回头驰援，这对我们不利。等夫差走远了，我们再下手。"

夫差太习惯于越国的臣服了，而且他的注意力全在这次黄池会盟上，他一生的伟业就要在此成就。

夫差看西施这一段时间心情不好，就带上西施北上。

夫差兴奋了，勾践更兴奋了。勾践御驾亲征，范蠡任总指挥，目标是攻克姑苏城，沉重打击夫差的嚣张气焰。

勾践去宗庙祭祀，祈求列祖列宗保佑越军雪耻成功。勾践将祭祀用的神酒倒入绍兴城南的河中，与将士约定，去下游取河水共饮之。人流与水流争流，勾践与万千将士，在河的下游舀水入杯共饮，预祝伐吴大捷。绍兴城的激情在燃烧。勾践已忍了八年，他多少次要举起复仇的利剑，都被范蠡阻止，插回剑鞘中。今天君臣一心，君民同心，就要共赴复仇的战场。

但范蠡是冷静的，他制定的作战策略是：秘密行动，示敌以弱，诱敌出城，一举歼灭。道理很简单，如果吴军固城死守，越军久攻不下，吴国大军回来驰援，两面夹攻，越军就完了，必须速战速决。

诱敌出城的任务交给了越国大夫畴无余，他率领越国先锋部队，选择很少有人走的路线北上，当这支部队在姑苏城南边出现时，吴国守军吓了一跳。但是，太子友很快得知越国这支部队人数不多，心中大喜。太子友像他父亲一样冲动，他率领城内守军倾城而出，在城南平原与畴无余的越国先锋部队展开决战。吴军训练有素，装备精良，而且是卫国作战，士气高昂。越国的先锋部队本来就弱，不多久，就被消灭，畴无余被五花大绑押解到太子友前。

太子友哈哈大笑，对众将士说："越国不守臣服之道，趁我大军北上之机，偷袭我国都。没有想到，越军如此不堪一击，把畴无余杀了，为我父王北上争霸献祭。"

刀起头落，畴无余光荣殉国。

太子友正要回城，探子来报："不远处有大队人马，打着吴国旗号，好像是回援的吴国大军。"

很快，只见大军截断太子友的退路，把太子友的部队团团围住。

这正是范蠡率领的越军主力，沿海悄悄进入吴江，突然出现在太子友面前。

不多时，吴军除少数人突围外，都被斩尽杀绝。太子友及其儿子弥庸被杀，越军进入了姑苏这座没有防守的城市。

范蠡派玄子寻找西施，玄子在后宫一一寻找，皆无所得。打听得知，西施随夫差去了黄池，范蠡怅然若失。

夫差不知国内发生的事情，正在黄池会盟和晋国斗得热火朝天。

吴国相国伯嚭和晋国相国赵无恤在那里争论谁为盟主的事。

赵无恤说："晋国历来是大家公认的中原霸王，这次会盟，盟主自然还是我们晋国。想当年，晋文公安周室之序，定天下之规，天下景仰。"

"不，不。我们不能违背了周礼。晋国是周成王的弟弟叔虞的封国，而我们吴国是周文王的伯父太伯和仲雍建立的。吴国的辈分长于晋国，会盟当然是长辈在前，晚辈在后了。"

正争得火热，吴国使者要见伯嚭。

伯嚭出，吴国使者悉告都城被攻破之事，伯嚭急忙告知夫差，夫差大吃一惊，思考了一会儿之后说道："伯嚭，使者在哪儿？"

"就在外面。"

"把他们引到一个偏僻的地方，杀了，封锁消息。"

"是。"

夫差内心极度恐慌。国都被攻破，儿子和孙子都被杀了，夫差还一直以为勾践是只宠物呢，没想到他是久伏在地上的老虎，看中时机，纵身跃起，张开了血盆大口。勾践终于和他撕破脸皮了，本来他以为越国是他的后花园，现在却成了他的另一个战场。

伍子胥的预言变成铁的事实，夫差大汗淋漓。

他命令调动军队，以武力逼晋国就范，他要尽快结束这次会盟，赶紧回国。这一招果然奏效，晋国妥协了。晋定公和鲁哀公在会盟仪式上就座，吴王夫差为盟主。

会盟的事就这么勉强按夫差的意思结束了，但吴都被越军占领的消息风一般传开了。按照常理，夫差会火速回撤，反击越军，但夫差担心别的诸侯国借机攻击他回撤的军队，他四面是敌，防不胜防。由于国都被占，吴军的后方补给不存在了，军粮缺乏。无奈之下，夫差派军队到宋国京城北边的外城抢夺粮草，这引起各诸侯国的反击，吴军边打边走，用了几个月的时间才回到吴国。

回到京城附近的吴军人困马乏，几乎丧失了斗志，想打败以逸待劳的越军已不可能。

夫差回到姑苏郊外。

勾践的反抗说明伍子胥是正确的，夫差既难以接受勾践的反抗，又难以接受伍子胥的正确。

但事实就摆在那儿。

夫差好痛苦。勾践曾经那么听话，像一条狗，在自己面前摇头摆尾，用身子在自己脚上蹭来蹭去。趁自己不注意，勾践狠狠地咬了他一大口，鲜血淋淋。

伍子胥对了，自己错了。但君王哪有什么过错可言？夫差有气要出，于是他召来伯嚭。

"伯嚭，你一直为勾践说话，勾践这次占寡人之都，杀寡人儿孙，你怎么解释？"

伯嚭倒不慌不忙。

"臣一直效忠大王，以大王的意见为意见。伍子胥虽然有见解，但对臣没有礼貌，多次冒犯大王。臣出于对大王的忠心，就站在伍子胥的对立面了。"

"那是寡人错了吗？"

"大王没错，是卑鄙的勾践利用了大王的善心。不过，这件事也是好事。"

"什么好事？"

"勾践过早地暴露了自己的企图。目前吴强越弱的局面也还没有根本改变，从此以后，我们要防范勾践。"

"勾践羽翼已经丰满了。伯嚭，念你这些年跟随寡人，忠心耿耿。在黄池会盟上你失职，寡人本要惩处你，现在你将功补过。你去勾践那儿与他们议和，让他们从姑苏退兵。"

"臣领命。"

伯嚭进入姑苏城，城里全是越军，这里本是自家厅堂，却住着外人。

伯嚭面见勾践。

"大王，伯嚭拜见。"

"伯嚭，我们是老朋友了，此行有什么事？"

"我是来议和的。既然是老朋友，你要让我过得去。大王占了吴国国都，夫差差点杀了我。"

“你是吴国的亲越派，寡人自有考虑。议和之事，由上将军范蠡与你详谈。”

伯嚭见到范蠡。

“伯嚭大人，别来无恙。”

“我一直为越国说话，这次差点被吴王所杀。”

“胜败乃兵家常事，大人不要放在心上。”

“我的脑袋只是寄存在吴王那里，如果这次议和不够理想，我还是难逃一死。”

“伯嚭大人，你对越国帮助很多，我们会考虑你的处境。这是议和的草案，伯嚭大人请过目。”

伯嚭展开来读：

一、越吴从此为平等之国，再无臣服关系。

二、吴王夫差登基以来，所占越国领土，悉数归还。

三、越国停止对吴国贡奉，并退还历来所贡之物。

四、越军这次出兵费用，由吴国负担。

五、在满足以上条件后，越军撤兵。

伯嚭读罢，脸色都变了。

“上将军，如果照此办理，伯嚭必为吴王刀下之鬼。”

“伯嚭大人，你可以提出你的看法。不过，第一二条没有商议的余地。这些年，吴王一直骑在越王的头上，这一局面要从此结束了。”

“上将军，越国历年的贡奉就不要退还了，那些东西大多被消费了，怎么退还？”

“看在伯嚭大人的面子上，我们将慎重考虑你的意见。”

“还有第四点，你们来打我们，还要我们出钱，吴王好歹也是黄池会盟上的盟主，面子上过不去。”

“不是我们来打你们，是你们欺人太甚。我们越王也是王，怎么可以做吴王的仆役？"

"历史的旧账就不要再提了。"

"好吧，第四条也可以取消。"

伯嚭把议和条款的原本和议定本派人送给吴王过目。

夫差看了好几遍，只好点头答应。夫差刚做盟主不久，才走下盟坛，就被勾践扇了一耳光。

伯嚭签字，两国议和。

越军浩浩荡荡回国。

勾践卧薪尝胆十几年，终有此大捷，他在诸侯间总算出了一口气。但这还远远不够。

范蠡了解越王的心理。首先，把这次大捷的战报送给各国诸侯，长勾践威风，杀夫差锐气。其次，在回国路上大讲排场。能走直路却要走弯路，像出嫁的新娘带着嫁妆在路上兜风。

诸侯多痛恨夫差，也纷纷恭贺越王，派使臣来祝贺。

面对勾践的胜利秀，夫差郁闷至极。

夫差进入残破的姑苏城，感到羞耻至极，天下无敌的吴军竟连自己的首都都保护不了。

西施表面气愤、悲伤，但她心里高兴。范蠡刚才来过，不久还会来，直到把自己接回去。

范蠡回到会稽，玄子来报，赵氏生了一个儿子。那是范蠡的生命中开出的一朵花，范蠡赶回家，欢喜异常。随后，越王就送来了贺礼。

这时，最痛苦的莫过于夫差。他恨自己没有眼光，被勾践蒙骗了这么多年。谁来攻打他，他都能接受，但勾践来了，他不能接受。勾践打击了他的国家，更打击了他的信心。同时，他想起伍子胥，那位忠臣，那位智者，却被自己用皮袋装着投入江中。

想起伍子胥，他是悔；想起公孙圣，他是怕。难道我夫差的命正如那个梦预示的那样吗？夫差的信心像狂风中的小树，摇曳不止。

他要去祭祀伍子胥，为自己赎罪。

夫差下令为伍子胥建造祠堂，让后人祭拜。他还亲自吊祭伍子胥，成千上万的民众自发地前往陪祭。连续数日，哭声动天。

夫差祭祀伍子胥，使伯嚭感觉到一种危险，对他而言，失宠比亡国还可怕。只是伍子胥已经死了，吴王除了伯嚭也再无人可用，伯嚭根基已牢。

吴国国内缺乏贤臣，国际上没有朋友，它败齐国，逼晋国，伤楚国，臣越国。仇恨筑起的墙围住夫差，使夫差透不过气。

两年后，即公元前480年，楚国军队带着二十六年前的深仇大恨大举入侵吴国。

都来欺负吴国，夫差实在咽不下这口气，他率领吴军精锐军团，越过边境，一路打到楚国东方重镇慎邑。

慎邑的楚军守将是智勇双全的公孙胜，他把粮食藏起来，将人员转移，实行坚壁清野政策。吴军所到之处都是一片荒凉。等刚驻扎下来，楚军又来骚扰。吴军想打又找不到人，刚住下来又被打。夫差只好撤军，这时，公孙胜派出突击队追击，杀得吴军措手不及，几乎溃败。

夫差也不敢与楚国大打出手，因为他的四边都是敌人，怕又有人在背后攻击他。

夫差像一头受伤的狮子，舐着伤口，茫然地看着自己曾经纵横驰骋的草原。

勾践由向吴国臣服到向吴国挑战，使吴越关系进入到你死我活的阶段。如果吴国再度战胜越国，夫差决不会善待勾践；如果越国战胜吴国，也会一举灭之。

吴王像一头瞌睡的狮子，勾践捅了它一下，把它捅醒了。狮子站了起来，勾践只有将它打死。

天助越国。公元前479年夏天，毒辣的太阳照射着吴国大地，吴国干旱，田里起了裂纹。到了秋天，粮食大大减产。由于连年征战，吴国的储备粮所剩无几。吴国人的肚子瘪了，夫差的眉头皱了。

夫差决定向越国借粮。

勾践一心灭吴，夫差怎么可能还向勾践借粮呢？

越国曾经向吴国借过一次粮，那时，吴国借了。既然吴国借了，今天应该礼尚往来，越国也应该借，这是夫差的逻辑。

那是公元前485年，越国遇到水灾，收成非常不好。勾践忧心忡忡，召集范蠡和文种等大臣商量对策。

范蠡说："坏事可以变成好事。我们可以向吴国借粮，我们现在臣服于吴国，向吴国借粮，一者可以表明越国困难，消除吴国的戒备心理；再者可以强化夫差的自信和骄气；三者，可以激化夫差和伍子胥的矛盾。据臣分析，夫差会借，而伍子胥必然反对。"

最后决定由文种出使吴国。文种按惯例送了好多礼物给伯嚭，让伯嚭为越国说话。

文种向夫差说："大王，越国不幸遭遇水灾，如今越国已臣服吴国，越国百姓就是大王的百姓。现在，越国百姓饥肠辘辘，渴望大王借粮给越国，救民于水火。"

夫差想了想，说："寡人念勾践真心臣服，寡人也心系越国百姓。伍相国，借粮给越国。"

伍子胥进言："勾践表面臣服，其实，复仇之心不死。吴国借粮给他们是助纣为虐，不如借机一举灭之。"

伯嚭说："大王允许勾践返国，越国报恩于吴国，今天救济越国饥民，再显大王仁爱之心，一箭双雕。天下人心必归我大王，相国是否太狭窄了。"

夫差说："伯嚭说得好，就这么办了。"

文种带着一车车的粮食，浩浩荡荡回到越国。

秋天还粮食时，文种把粮食炒熟了还，吴国不知，将其做了粮种，结果导致绝收。

吴王怒气冲冲地问罪，文种去吴国解释说："大王，越国也是用它做稻种，并未减产。吴国绝收，一定是粮种水土不服。"

事情不了了之。

今天，吴国遇到旱灾，吴国使者便来到越国借粮。

吴国使者见到勾践，说："昔日，越国逢上凶年，吴王借粮于越，帮助越国渡过难关；而今，吴国遇上饥荒，恳请越王借粮给吴国，以解吴国饥民的苦痛。"

勾践怒骂道："想当年，越国臣服于吴国，每年向吴国上交的贡品无数，遇到饥荒，吴国借粮理所应该。如今，吴国北欺晋齐，南欺楚越，连年征战，致使民不聊生，怨声载道。吴国饥荒；正是天怨人怒之彰显。吴王夫差应该深深反省，息甲收兵，还天下以安宁。如果越国借粮于吴，正是逆天而动，会遭天下人唾骂。"

吴国使者被臭骂一顿，回国向夫差汇报借粮之事。夫差听后，竟然默默无言。

勾践希望吴王不堪借粮之羞辱，发兵攻越，越军正好痛击之。不料，勾践一拳打出去，夫差让了。

勾践还要打第二拳，俗话说，救人要救彻，杀人要见血。

吴国饥荒，正是越国灭吴国的良机。

勾践召集越国长老和大臣商议伐吴之事，借机统一思想，统一认识。最后，大家一致同意伐吴。

大军已在城外集结，勾践发表誓师演说："越国的将士们，上天先让我们受辱，后让我们复仇。现在，我们的敌人正遭受饥荒，上天赐予越国良机！多少年来，吴国以大欺小，屡犯我境，毁我社稷，杀我人民。我越国军民奋发图强，以求恢复越国人的尊严。天机不可失，天意不可犯。寡人知道，战争会给越国百姓带来牺牲，但跪着生，不如站着死。我们将以血雨腥风换来子孙和平的阳光。军中士兵有父母需要赡养又无兄弟者，可回家养育父母。有兄弟四五人全在军中者，允许一个人留下。耳不聪，目不明，或体力不佳者，可以回家。若有在战场上贪生怕死，临阵逃脱者，斩首示众，家人将被卖为奴。本次战役总指挥范蠡大夫定会统率越国男儿大获全胜！"

"越国必胜！越国必胜！"将士回应，这个沉默多时的国家再次怒吼了起来。

公元前478年，吴越两国大军迅速向吴国姑苏城城南五十里左右的笠泽集结。两军隔吴江相望，吴军在江北，越军在江南。

范蠡的策略是：主动进攻，但是，两边佯攻，中间主攻。左右军担任佯攻，由范蠡负责。勾践亲率中军，中军由大约六千名敢死队员组成，担任主攻任务。

范蠡下令将士，人人衔枚，趁夜色，左右军到达吴江南面的预定位置。这时，范蠡又令他们鸣鼓喧噪，假装要渡江攻击。

夫差果然中计，将精锐主力派往两翼协助防守，这样，吴军的中间就空虚了。这时，越国主力，悄悄渡江，偷袭吴军大本营，吴军大败。

夫差慌乱之中下令后撤，越国左右军乘机渡江攻击。吴军兵败如山倒。

吴军退到一个叫"没"的地方，抵挡了一阵，又败，又接着退到姑苏城郊外。

这时，吴国各地军队向都城集结。越军见好就收，撤回到越国。这是越军第二次兵临姑苏城下，吴国人的信心已丧失殆尽了，他们不知道越军下次何时会再来逛逛他们的都城。

伍子胥那两只枯干的眼珠，已经见到越军两次光临了。西施在宫中听到吴军战败的消息，知道离回家的日子越来越近了。她在城头听远处的厮杀声，好像听到范蠡的呐喊声了。

范蠡呢，总是觉得自己快要到西施身边了，又要撤回去。他们的爱情与两个国家的生死连在一起，不论这段恋情成功还是失败，都有一个国家要消失，他们注定将踏着血泊相见。

真是奇怪，每打一个胜仗，范蠡就生下一个儿子。笠泽大战归来，范蠡的第二个儿子又出生了。范蠡的儿子与"凯旋"连在一起，他便将大儿子叫范凯，第二个儿子叫范旋。

赵氏是个好妻子，她崇拜她的丈夫，愿意为丈夫献出一切。但范蠡心有所属，赵氏注定点不燃范蠡的心。人类就是这样奇怪的动物，由于灵魂的过于丰满，注定他们的爱情生活充满变化。情智越发达的人类，爱情生活越是复杂。灵魂简朴的动物哪有这么多为情所困的烦恼呢？它们只凭本能交配，凭习惯相守。

爱情是人类作为人类的骄傲，也是人类无法解脱的纠缠。

大战结束，越军清理战场，忽然有人来向勾践报告，死人堆里出现了一件怪事。

"大王，我们在埋葬我方士兵时，有一个人起死回生。"

"领寡人去看看。"

勾践一看，原来是思椒。他气脉虚弱，勾践吩咐赶快治疗。多日后，思椒恢复，面见勾践。

"大王，我昏昏沉沉地见到了我的父亲。我们在同一个战场，向前冲。冲着冲着，我看见前面有一轮太阳，然后，我什么也不知道了。"

"越国有你们这样的父子，才有光明的未来。"

思椒得到赏赐，提为军官。

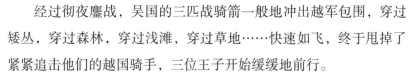

血战不敌，太子阵亡

　　经过彻夜鏖战，吴国的三匹战骑箭一般地冲出越军包围，穿过矮丛、穿过森林、穿过浅滩、穿过草地……快速如飞，终于甩掉了紧紧追击他们的越国骑手，三位王子开始缓缓地前行。

　　"回姑苏去，"勇猛的王子终累首先开口，"那儿有吴国的散兵游勇，聚集起来可以再战。"

　　"去送死呀？"王子山悲怆地说，"数十万吴国大军，今天只剩下我们三人了，人家吐口唾沫都能把我们淹死。"

　　"我们为什么站着等待敌人唾呢？"王子终累有点恼怒了，"越国后方空虚，还可杀个痛快。"

　　"只怕不被杀死也会饿死。"王子山摇摇头。

　　王子地在沉思："父王身边剩下二十七人，个个都是久经沙场的虎将，剑法娴熟，能征善战，可是，他们毕竟老了。"

　　刚才一场恶战恍如隔世，展如杀得浑身是血，刀口卷缺，仍在狂呼砍杀。有个越兵举起长铍刺进了展如骑的马腹，把马肠都拉了出来，展如跌倒在地，刀落在身旁，越兵太多，他挤不过去抢救。忽然越兵惊呼，纷纷奔逃，勇获杀了进来，他不用刀，只是就近抓个越兵，挥舞起来，扑打敌人。手里的越兵狼嗥鬼叫，四周的越兵魂飞魄散，四散奔逃，勇获见手里越兵不动，就骂起来："废货，响都不响了！"

　　扔掉死的，抓个活的，他就这样一路厮杀。他一眼望见地上的展如，伸手把他拎起，放在自己的脊背上说："趴好，我给你找匹马。"

　　才跨几步，发现展如两手空着。

"刀呢？"勇获问。

展如感到乏力，催道："快，冲出去！"

"你刀呢？"勇获又问。

"丢了。"展如无可奈何地回答。

"没刀，也算将军？"勇获感到滑稽可笑，"找去。"

刀就在近旁，静静地躺在地上，他弯腰拾取。

勾践望见了，大叫："杀死他！杀死他！快杀死他！"

越兵齐声呐喊，回头扑上，刀砍剑刺，有的用矛挑，有的就举起箭镞戳，勇获、展如他们趁机冲出来。

"父王在哪儿呢？也许冲出敌阵了？也许正站在龙尾山顶遥遥远眺，盼望着他们？"

"去龙尾山！"王子地脱口而出。

王子山听了大惊，嚷道："你疯啦，这时还要往敌人嘴里送？"

王子终累知道王子地强毅果敢，意志不移，想了一想，说道："这样好吗？我们三人都是吴国姬姓的后嗣，不如分开走，只要我们之中有一个人活着，复兴吴国仍然有望。我去南方。"回头问王子山道，"你呢？"

王子山明白，往龙尾山是一条死路，决不能去，即使能往西方到楚国去，楚惠王也不会宽赦吴王后裔的；北边是齐国，齐平公对吴王恨之入骨；东面是一片茫茫大海；南方就是当前大敌越国，不过在浙水北部一带，吴国占领已久，民怀吴王不杀之恩，越军又尽在姑苏，犹有可趁之机，于是点点头说道："我也深入敌后去。"

"那我们走。"王子终累向王子地一拱手，带领王子山拍马驰去。

王子地紧紧地勒马执辔，痴痴地望着两个身影渐渐消失于天际……

王子终累见越兵众多，就避开大路东行，过独墅湖，经车坊，来到澄湖。越国水兵正在湖面上搜捕由太湖逃来的吴兵，他们仓皇沿着水边西逃。这一天，来到同望，正逢越兵检查行人，喝令他们停下，王子山吓得拍马南逃。王子终累愣了一愣，越兵蜂拥而至，大声呼叫，王子终累西逃不远，就被越兵用乱箭射死，埋于松陵——后来吴人称其处为"吴江"，即今天的吴江县，纪念吴国王子终累。

王子山惊慌南窜，他认为走近越国的心脏之中，在不停跳动着的声音旁边，兴许能够得到宁静。他小心翼翼地避开官道，夜行昼伏，沿途拿些衣物向村民换口吃的，数日后，衣物都尽，又冷又饿，疲惫不堪。这一天，他走进一个山坳里，爬入一穴小洞，洞里阴暗潮湿，但十分安静，他坐下来睡熟了，从此就再也没有醒转过来。人们发现他的衣带上绣有"姬山"两个字，知道他是逃亡出来的吴国王子山，就将他埋在山中，称此"青山"为"吴山"，即今天浙江杭州的城隍山。

王子地不分昼夜策马疾驰，穿越过道道山冈峰峦，终于被越兵发现了。十七名越国骑手向他紧紧追来，王子地并没逃走，反而转马回扑，冲入敌群。

"你们的脖子长得太嫩了！"

王子地一刀一个，接连杀死八名越兵，犹如切瓜一般，失败的阴霾一扫而空，痛快极了。

越兵仍然欺他单刀匹马，群起攻之，可是碰着王子地砍来的刀，不死便伤，手中矛头剑尖纷纷坠落，无不骇吓。只剩下五名越兵了，他们沉不住气，开始溃败回逃。王子地大口喘气，汗流满身，日夜不停顿的奔驰与厮杀使他感到疲乏，但他仍然向着逃跑的越兵挥手讥笑道："欢迎你们回来！"

然后转过身，收辔疾驰隐入山中。

越兵真的回来了！只是他们静悄悄地跟在其后，拉弓慢慢逼近。

"发！"

五支箭簇射向背后，王子地连叫都来不及，一下扑在马背上。

越兵们无不鼓掌欢笑，纵马赶来，准备斩下首级去报功，只见王子地马头一掉，向他们扑来。吓得越兵个个魂飞九霄云外，肝胆俱碎，掉马奔驰，连回头望一眼也不敢，逃得无影无踪。

这完全是一场虚惊。

原来王子地的战马右股上着了一箭，疼痛难忍，纵立长嘶，扔掉王子地掉头回奔，吓走了越兵，然后哀鸣一声，倒在地上，这匹烈马就这样死了。

久久，地面上慢慢汇聚了一摊殷红殷红的鲜血，躺在血泊之中的王子地慢慢苏醒，微微舒了口气。

"王子地，你醒了？"

王子地隐隐约约听到了一种柔和的声音，有如母亲亲切的呼唤。他睡眼惺忪，朦朦胧胧里见到一张俊美的面容向他浅浅一笑。

"你是谁？"

王子地睁大眼睛，可是已经转动不得，他浑身的骨架似已松散，瞠目注视着跪在自己身边的这位容貌秀美的姑娘，呆住了。

"不会错的，我还抱过你，你怎么这样了？"姑娘语音里有点欣慰，也含有凄怆，"你右眉尖上有粒黑痣，很小很小，这不是？"

姑娘认真地用手指着，辨认出来了，一点也没错。

"你是谁？"王子地追问。

"冰若。"

"谁呀？"

"宫女冰若。"姑娘微微一吁，"十八年前，我离家陪伴西施娘娘来吴，就被分到这里来看树、摘李子，每月送进宫里去。有一次，你跌跤，是我将你抱起来的。"姑娘笑了。

王子地记不起来了，总觉奇怪，问道："四季都有李子吗？"

"不是，"冰若笑道，"大王要的李子不多，叫醉李，到李子大熟季节，选三百枚又大又好的就行，用蜜浸渍——此为后人蜜饯水果之始——装进十二只长颈罐里，每罐二十五只，封好，放入山洞冰窟里埋藏，逐月取出，送入宫内。开封后，大王命我先尝一枚，一定得味美甘甜，才能奉献给大王，让大王与西施娘娘一起食用。"

"你常进宫吗？"

"我有宫牌。"冰若拿出一块"出入无禁"的金色宫牌，给王子地看看，"我刚从宫里回来，发现了你躺在这里。"

"你从宫里来？"

"毁了，全毁了！"冰若完全没有听到王子地的问话，自顾说着，"姑苏城已被越兵占领，吴宫成为一片废墟，宫里成百成千的人都惨遭杀死。在东殿大梁上吊着六具尸体，有一具是宓嫣——"

王子地张大嘴巴，两眼发黑。

"你也不要难过了。"冰若语调悲凉、柔和，安慰着王子，"你喜爱宓嫣无人不知，她是我们同来的三百三十人之中较为幸运的了，除了西施娘娘与郑旦娘娘，谁还比得上她呢？她死时脸朝北，我就猜想你能来此，果然看到了你！"

冰若哭了。

"我还去城外，爬到灵岩山顶，登上琴台极目四望，一片凄凉。我还去了馆娃宫，到处是惨死的宫娥，饿死的、服毒的、吞金的、投水的、上吊的、跳崖的、自刎的、撞墙的……形形色色，红粉玉颜，一时殒没，看多了，就什么也不怕了。我还走进了西宫。"

"西施娘娘在吗？"

"不在，连尸首也没见着。"

"也许娘娘还活着。"

“活也不会活得太久，兴许眼下早就死了。”

“为什么？”

“我发现桌上一排排长颈罐子，里面都装满了李子，可见大王与西施娘娘好久没有吃了。有一只罐子放在桌子中间，李子少些，我拿起来，怕李子坏了，尝尝果汁，有股酒味。”冰若歇口气，继续说，“我发现旁边架子上盛酒的小小蓝瓷瓶打开了，空空的，不觉呆了。”

“怎么了？”王子地问。

“有一位宫女曾经告诉过我，她看见岑山公公拎着一对小鸟进宫，紫绿色，黑身赤目，雄鸟叫‘运日’，雌鸟叫‘阴谐’，非常好看。大王叫他把鸟浸在酒里，酒就变毒，因为这种鸟靠吃毒蛇长大的，制出来的这种酒叫‘鸩酒’，能毒死人，即便很淡很淡，沾一下唇舌，人也活不了几天。这蓝瓷瓶就是装鸩酒的，不敢碰，今天瓶子空了，因此我知道西施娘娘必死。”

“哎呀，你也尝了？”王子地惊骇地问。

“是尝了。”冰若平淡地说：“我的头已晕，胸口感到窒息，死亡有什么可怕呢？十八年来，我远离亲人，来到这荒山冷窟，苦守着冰寒与孤寂，如同行尸走肉一般，什么也没有。今天能够与人说话，说得很多很多，仿佛把十八年来藏在内心的话都已说完了。而且是与一位男人说的，又是一个王子，是我怀抱过的王子，我的心已无遗恨了。”

王子地的泪水一下涌出。

“我想睡了，与这座龙尾山长眠一起，永别了，王子地……”

冰若徐徐闭上双眼，长长的睫毛上呈有泪水，脸上失去光润，情感已经凝固，没有悲、愁、苦，也没有笑，冷若冰霜。

“龙尾山？是龙尾山？冰若冰若，这儿是龙尾山吗？”

王子地不停声地叫唤着，宫女冰若已不再回答，他绝望了。

王子地将脸慢慢转向右侧，仅仅能够望见龙尾山短短一截，有如断足。山上野草枯疏，几株醉李树也已碧叶凋尽，只剩下些许残枝败叶在寒风中瑟索发抖。严冬把大地上的一切衔在嘴里，慢咀细嚼，然后吞咽，处处色彩消失，生机全无。

"父王，你在哪儿？"

王子地多想望望整座龙尾山呵，兴许父王就在近边，可是他已不能够。一根根箭镞仍然插在他的脊背上，就好像几条毒蛇往肉里钻，啃咬着他，令他浑身疼痛难忍，又无法拔出。鲜血一点点滴着，要不了多久，就将流尽。

"死无足畏。"他想，两眼望着远方，"只是正值危难，需要我卫国保家、承继霸业现在死得未免早了一些。"

他仿佛又见到父王立马横刀，仰天长啸，壮怀激烈的雄姿，父王刚毅威武，只手擎天，将太阳推向中天，光披四野无所不至，侍立一侧的西施娘娘，迎风含笑，貌若天仙。

吴山长青，吴江长流，吴语永传，吴人永存。

"吴国万岁！"

王子地从内心深处发出了最后一声呼喊，他尽力扭转脖子，贪婪地摄取着眼前的景象，一切都那么平和，那么宁静！他那长长的乌发零乱地散开，四周慢慢溢满了鲜血，殷红殷红，似乎还冒着热气。他舒适而安详地斜躺着，已经深深地感受到地下火在燃烧，在流动，温暖着土壤，驱散了寒气，孕育着新的生命，不要多久，它将喷薄而出，形成燎原的熊熊烈火，生机盎然的春天就将到来。想到这些，他那白皙英俊的面孔上微微露出笑容，目光渐渐暗淡下去，脖子缓缓地歪向一边，就像在慈爱母亲的温暖怀抱里一般迷迷糊糊、恬静地睡熟了……

猛然间，夕阳冲破云层，将即将熄灭的绯红余晖最后一次洒向人间，为万物重新抹上瑰丽炫目的颜色，王子地的面颊上犹如泛起淡淡的红晕，益加俊秀。或许他知道自己脸上的天、身下的地、周围的草木、身边的冰若都是吴国的，卧在自己国家的怀抱里，安详而又幸福，于是他放心地睡熟了。

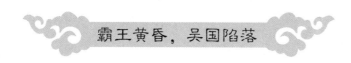

霸王黄昏，吴国陷落

由于伍子胥被杀，吴国缺乏像范蠡和文种这样有相当智商的人。在吴越军力相差不大的情况下，人的智谋起了决定性的作用。

越国在向吴国响亮地说"不"。越国对吴国的两次重创，打击了吴军的信心，也激发了他们的戒心。

对于怎么看待这两次重创，吴越有很大的不同。越国自然把它看作最终消灭吴国的两次预演。但是，吴王还不知道越国到底是要灭了自己，还是向自己撒撒气。

范蠡又想了一个好办法：迷惑吴国，让吴国人觉得越国人只是撒撒气而已，放松对越国的警惕。等吴国意志松弛时，再一举歼灭。

笠泽大战后，范蠡加紧训练越军，他知道吴越的生死决战就要到来了。同时，吴军也在战败和饥荒中慢慢恢复。

范蠡苦苦思索后，对勾践说："大王，我们要去进攻楚国。"

勾践吓了一跳，说："越吴决战在即，为何去攻打盟国呢？"

文种在一边发笑，勾践问："文大夫，你笑什么？你们辅佐寡人，立下赫赫功劳，如今越国有这样的形势，来之不易，你们不能开这种玩笑！寡人不答应。"

文种还是笑，说："攻打楚国，是给吴国人看的。"

范蠡对文种会意一笑，过了一会儿，勾践也笑了。

三人相视而笑，事情就这么定下来了。

范蠡暗中告知楚国，这是一场打给吴国人看的战役，楚国会意。

公元前476年，也就是笠泽大战之后两年，越楚之间进行了世界上最轻松的战斗。

正是春天，范蠡也想借机踏踏青，他亲率大军伐楚。越国先攻入楚国境内，楚国派出公子庆和公子宽来追越军，越国就退。等楚国往回撤，越军又追。就这样你追我追你地做游戏，双方喊杀不断，尘土飞扬，就是不死人。范蠡好多年没做游戏了，好像回到了童年。

搞了一段时间，也乐够了。虽是好玩，也还是挺花钱的。双方都痛骂对方，宣称赢得了胜利，罢兵。

夫差心里乐开了花，他想，越楚开打，越国树敌，我吴国就安全些了。夫差一下子改变了对越国的态度，主张对越国温和、友好，形成对越的"鸽派"。但吴国人也不都是笨蛋，有人觉得越楚之间没有什么矛盾，突然打起来，挺奇怪，不相信越国从此与楚国结仇。以公子庆忌为代表，主张严防越国，形成对越的"鹰派"。但是，夫差毕竟是吴国的老大，在鹰鸽两派的斗争中，鹰派肯定不妙。

公子庆忌多次劝谏吴王，吴王不听，愤怒之下，公子庆忌便率领自属的军团离开姑苏城，跑到艾地，不久投靠了楚国，这种事对夫差也是一次打击。范蠡的游戏，把夫差害苦了。

公元前475年，传说越国即将全力攻打吴国都城，夫差号召各地部落带兵勤王。公子庆忌心动了，他只是和父王政见不同，并不是不爱国，于是，他带领自己的军团从楚国回到姑苏。

越国要攻打吴国，这正证明公子庆忌对越国的判断是正确的。公子庆忌乘机提出彻底铲除伯嚭等"鸽派"党羽的要求，以便统一人心，集中全国之力，与越国决战。

伯嚭哪是省油的灯，他指责公子庆忌投靠楚国，对吴国不忠，而且有意对夫差逼宫夺权。夫差对他这个强硬的儿子也有些反感，不答应公子庆忌的要求。公子庆忌准备兵谏，夫差发动了反政变，公子庆忌在混乱中被杀。

纵观吴国君王之家的行事作风，都是强硬有余，婉转不足。在处理国际关系和国内矛盾时，都过于迷恋武力。

当吴国国内出现路线斗争时，夫差每次都站在错误的一边，而且用宝剑把代表真理的一方给杀了。公子庆忌和伍子胥一样，都是因为正直而被杀，吴国还能不亡吗？

这年冬天，越将伐吴的传说变成了事实。勾践信心满满：其一，越国上下一心，吴国内部纷争；其二，越国有范蠡、文种等天下奇才，吴国只有精于权术却才能平平的伯嚭等人；其三，勾践虚心纳谏，吴王刚愎自用；其四，越国复仇之战，士气高昂，吴国军队信心屡创，士气低落。

越军总指挥当然还是范蠡。

越国士兵知道打完这次仗就可以回家见亲人了。

越军攻势猛烈，吴军缺乏斗志，越军很快将姑苏城团团围住。城里，原来支持公子庆忌的兵团根本不听伯嚭的指挥，人心不齐，乱作一团。

姑苏城是在阖闾时代由伍子胥负责规划建造的，小城外建有大城，大城外设有城郭。吴国京城就整体设计而言，相当坚固，若吴军死守，是难以攻破的。

范蠡苦苦思索一个问题：如果久攻不下，越军死亡过多，吴国其他地方的军队集结过来，两面夹击，越军处境危险，可能又要无功而返。范蠡采取围而不攻，围点打援的办法，把吴国的军队吸引过来，一一消灭。等吴国的有生力量消灭了，最后一举攻下姑苏城，吴国就灭亡了。

姑苏被围，各地吴军纷纷勤王。

范蠡在各关口埋伏了越军，姑苏成了一个鱼饵，各地吴军纷纷上钩吞食。

勾践召见范蠡。

"范爱卿，姑苏被我们死死围住，但各地吴军向我们扑来，如何是好？"

"大王，就是要让他们过来，我们一一歼灭之。"

"但我们也有被内外夹击的危险。"

"臣已考虑到，我们要让各地吴军不能同时涌过来，现在吴王被围，吴军缺乏统一指挥。救援的吴军像涓涓细流，难成气候。我们各阻击部队，有的阻而不打，有的打而不灭，姑苏城郊外就是他们的葬身之地，万一他们拥入姑苏，也没什么，这只会加重夫差粮食供应的负担。"

"其他诸侯国会不会有所干预？"

"大王要给各诸侯国一个许诺，灭吴之后，归还被吴国占领的各国领土。还有一点，宣布救援吴国的国家就是越国永远的敌人。"

"此计甚好。"

勾践立刻派使者去各国表达这层意思，各诸侯国大都不喜欢吴国，又得到勾践战后分红的承诺，无不乐观其成。

但战斗还是惨烈的。

一支从梅里来的二万吴军，突破越军的几道防线，逼近姑苏。

紧急关头，思椒主动请战。

勾践看着自己一手养大的义子，心中满是欢喜。

"思椒，你要在战斗中成长起来。越国人低下的头颅要因这次战斗的胜利而高昂。"

"我要为父亲报仇，为死去的人报仇。"

"但打仗并不能全靠勇敢，你要向范将军学习，用智慧打仗。"

思椒拜见范蠡。

范蠡问："思椒，我给你两万人马，你如何打这场阻击战？"

思椒正思考。范蠡启发说："孙武说，'知己知彼，百战不殆！'我们要攻敌之弱。现在敌军士气高涨，他们为生存而战，已无退路。我们要打击他们的信心。"

"敌人的弱点在于他们缺乏统一指挥，无法互通信息。"

"说得好，我们来打一场心理战。"

"将军是说，让城外的吴军觉得绝望，瓦解他们的斗志。"

"所言极是。"

"但思椒还是不太明白如何去做。"

"你要让从梅里来的吴军觉得姑苏城已被攻破。"

思椒茅塞顿开。

吴越大军已对峙多日。

吴军已无法长久耗下去，正要拼死一战。

忽然，一大群会说吴语的越人假装成吴军士兵，破衣烂衫地拥向吴军阵地。

他们痛哭流涕，叙述王城已破、夫差被杀之状。

吴军阵前，哭声大起，军心崩溃。

思椒下令总攻。

吴军兵败如山倒。

思椒立了大功，学到了指挥作战的经验，心里美滋滋的。他亲自巡视战场。

巡视战场并不是一件开心的事。各种情状的死尸，让思椒想起了父亲，父亲当年不也是其中一员吗？

思椒正沉思。死尸中一位装死的吴军士兵爬起来，从后面给了思椒一刀。

思椒一回头，又被砍了一刀，倒下。

越国士兵赶到，围上来。

吴国士兵轻松一笑，"我杀死的是你们的一名将军吧，够本了。吴军欺负你们，你们报仇了；你们制造仇恨，还会有人向你们报仇。游戏没有结束，但我结束了。"

思椒的遗体运回，勾践大哭，以王子之礼葬之。

每当夜幕降临时，范蠡组织吴军俘虏，在姑苏城外唱吴曲。

这时，姑苏城内特别安静，只有一轮明月悬在天上。

吴国这么多年四处树敌，没有哪个国家肯帮它。

在吴王夫差被围的三年中，各地前来解救京城的吴军先后被消灭，姑苏城外越来越安静了。这个七年前在黄池会盟中成为盟主的夫差被人遗忘了，谁能不感叹世事难料呢？

得道多助，失道寡助。

实际上，只有晋国的赵无恤派使者楚隆看望了一下这位就要完蛋的霸主。赵无恤是晋国前相国赵鞅的儿子，他就是鼎鼎大名的赵襄子。后来，在他的主导下，韩、赵、魏三大家族瓜分了晋国，形成赵国、韩国、魏国，晋国就在历史舞台上消失了。

按照当年黄池会盟的盟约，吴王被围，晋国有义务解救它。但死的条约哪能制约住活生生的人呢？况且，晋国就要分崩离析，哪有心情和实力去解救夫差？

楚隆来到吴国京城郊外，他要先去拜见勾践，获得允许。

勾践也还大度，答应让楚隆进去见夫差。

楚隆见到神情沮丧的夫差，说："我的主人赵无恤向大王表示歉意，晋国内斗不已，已无力帮助大王。"

"感谢赵大夫，让他费心了。为了表示谢意，这一盒珠宝请你转交给赵大夫。寡人这一次是过不去了，勾践不会放过寡人。也不怪他，寡人曾侮辱他，踩着他的背上马，他还尝过寡人的粪便。寡人只会杀人，看得清宝剑，看不清人心。伍子胥多少次建议寡人杀了勾践，寡人不听。勾践在天下人面前丢尽了面子，他只有杀了寡人才能挽回面子。杀了寡人，勾践才能真正站起来。"

楚隆出城，沿街垂头丧气的士兵们忧郁地看着楚隆走出姑苏城，心里羡慕不已，他们只有默默等待死亡的来临。

姑苏城严重缺粮了，士兵先是抓老鼠吃，然后杀马吃，再后来杀老弱之人吃，到最后，吴王把宫女也赐给士兵杀着吃。

范蠡一边等着吴王宣布投降的那一天，一边担心西施的安全。

范蠡为了摧毁姑苏城守军的意志，命士兵在城外野地上种庄稼，表示要长久围下去。

日子就这么过着。

范蠡和勾践都在想战后的事，两个人聊了起来。

"大王，灭吴之后，如何处理西施？"

"把她秘密杀了，最好是沉江。"

"大王，她是越国的女儿，是为灭吴做出大贡献的人，怎么能这样对待？"

范蠡表现出少有的激动。

"她的存在，表示越国用了见不得人的美人计，而且，她亡了吴国，是不祥之物。"

范蠡一阵心寒，但他马上迎合勾践，说："臣明白了，这件事交给臣来办。"

"范大夫，灭吴之后，越国如何处理与其他诸侯国的关系？"

"大王，这个去问文种大夫吧。"

"范大夫，战后有什么打算？"

"臣太累了，臣想休息。"

"你要离开寡人吗？那绝对不行。灭吴之后，越国当然就是霸主，还有好多事需要你。"勾践想了想，对范蠡半天玩笑地说，"寡人一定要留下你，你要走，寡人就把你夫人孩子抓起来。"

"大王，当务之急是把夫差灭了，说这些事还太早了。"

没过多久，玄子从会稽城来，对范蠡说："府上增加了守卫的士兵，他们告诫赵夫人不能出会稽城。"

"范凯、范旋怎么样了？"

"早已会满地跑了。"

"大王想软禁夫人，留住我。"

"大王怎么能这样对待先生？"

"用这种方式留我，只会让我走得更坚决。"

公元前473年，被越军围困了三年的姑苏城又被寒冷的冬天笼罩。

吴军守城将士有气无力，望着城下吃饭的越军士兵而吞咽口水。

该结束了，范蠡下令攻城。

越军攻入城门。城里的吴国士兵好像也在期待这一刻，慢慢饿死不如被一刀砍死。越军一阵呐喊，吴军就崩溃了。城门被推开，门边竟没有守城的士兵了，整个吴国都城成了屠宰场。但范蠡下令，士兵不得擅入王宫。

折腾了一天，夜色降临。

有人来报，夫差带着几十名亲信向都城西南的姑苏山逃去。范蠡已经料想到夫差可能逃生的地方，姑苏山附近已有越军埋伏，夫差跑不掉。范蠡下令，军队休整一夜，明日捉拿夫差。

晚上，范蠡有重要的事要做。

王宫被围，无人进入。王宫一片寂静，范蠡不知西施是否在里面。范蠡带上玄子，执火把进入。

宫殿一片混乱，一片空洞。范蠡和玄子找了一个又一个地方，皆无人迹。

范蠡心里忽然有说不出的紧张，完全没有往日的镇定。西施是被夫差带走了吗？若是这样，倒没什么，马上就可以解救她。若是被乱兵所杀呢？范蠡不敢这么想，但这个念头总是浮在脑海。范蠡两腿发软，坐在地上不能行走。

寒风中，宫中一点蜡烛光悠然显现，突然，飘出歌声："春林花多媚，春鸟意多哀。春风复多情，吹我罗裳开。朝登凉台上，夕宿兰池里。乘月采芙蓉，夜夜得莲子。仰头看桐树，桐花特可怜。愿天无霜雪，梧子解千年。渊冰厚三尺，素雪复千里。我心如松柏，君情复何似。"

范蠡爬起来，对玄子说："是西施！是西施！"

范蠡全身有了力气。

悠悠烛火，把西施的脸映照得格外美丽。玄子止步，范蠡越过台阶，到了西施房间。

"先生，你来啦。"

"西施，让你久等了。"

"在吴宫的时间太长了，我终于熬到了这个时候。先生有了妻子儿女，西施多余了吧？"

"范蠡吃饭的地方就是你吃饭的地方，范蠡居住的地方就是你居住的地方。"

"回越国吗？"

"不，我们去齐国。"

"为什么不留在父母之邦？"

"越王要杀你。"

西施打了一个激灵。

"为何要杀我这个弱女子？"

"在越王看来，你是越国的礼品。礼品送出去就不会再收回来，你还是亡吴的女人。"

"政治怎么这么丑恶？"

"是的，越王不需要谁，就可能杀谁。"

"先生是来执行越王的命令的吗？"

"不，我是来救你的。"

"先生怎么救我？"

"这宫中还有活着的宫女吗？"

"应该有。"

"我们偷梁换柱，装一个宫女在大袋子中，就说是西施，把她扔到江中。你扮成一个士兵，跟着我，等时机成熟，我们就去齐国。从此，离开这可恶的政治。"

"我真想回苎萝山。"

"回不去了。"

玄子在宫中找到一个瑟瑟发抖的宫女，将她捆绑起来，口里塞上布帛，装进大袋子中。西施化装成一个越国士兵，跟着他们出来。

西施悄悄去了范蠡住处。

范蠡连夜禀报越王，说："西施已装在大袋中，准备投入江中。"

越王吩咐："要秘密去做，不要让人知晓。"

"大王要检查吗？"

越王走近大袋旁，看见里面有人在扑腾。

"丢入江中吧，寡人不看了。"

士兵抬着大袋子消失在夜色里。轰隆一声，大布袋被投入江中，激起片片浪花，然后像什么也没发生，向前流去。

忙到下半夜，范蠡要休息了。

宋代的苏轼有诗赞美西施：若把西湖比西子，淡妆浓抹总相宜。穿上男装的西施也还是那么美丽。

范蠡看着西施："你不能这么漂亮，会有人怀疑的。"

"可我在先生这里还是女人。"

范蠡抱住西施，西施全身发抖。范蠡看着她，问："你还怕吗？吴王弃你逃了，越王以为你死了。"

"先生，女人在自己深爱的男人面前才是真正的女人。我做了十几年的假女人，假情、假意、假笑、假哭，你知道我有多苦，我昧着良心活了这么多年。今晚，我是一个真女人了；今晚，我才能睡一个安稳幸福的觉。有这一夜，我就够了，我好激动。"

窗外，寒月清辉满地。

第二天，范蠡率大军，围住姑苏山。

夫差率领残兵败将，相互搀扶来到姑苏山。这时他已经很饿了，身边又没有粮食吃，饿得眼睛昏花，看不清东西，只好蹲在地上喝沟里的流水，拿过尚未成熟的稻谷生嚼硬吞起来。他回头问身边的人说："这是什么啊？"群臣回答说："这是未成熟的稻谷。"吴王夫差说："可悲啊！这是公孙圣所预言的，大王将有一天吃不到熟食。"

伯嚭对吴王说："姑苏山西坡偏僻安静，在那里可以休息，大王赶紧吃了，离开这里，还有十多里路要走呢。"

夫差忽然想起什么，说："我曾经把公孙圣处死，丢在这座山上，你替我上前喊几声试试。如果他的魂魄还在，应该会有回声。"

伯嚭走上前叫了三声"公孙圣"，对面山上果然应了三声。吴王惊恐，双脚发软，走不动路，脸色像死灰一样难看。

这时，听到山下越军呐喊声不断。

夫差一伙不知所措，公孙雄向夫差请求："大王，让我下山向越王勾践求和吧？"

"越王不会答应我们求和的。"

"让我试一试吧。"

夫差无奈地点点头。

公孙雄跪行到越军大营，这一幕与当年文种跪行到吴军大营一模一样。二十年过去，历史上演了同一幕剧。

公孙雄向越王勾践说："大王，昔日吴王在会稽山上得罪大王，文种大夫向吴王求和，吴王顺应大王的心意，与大王达成和解。如今吴王派我来求和，相信大王一定会依会稽山之旧例，赦免吴王的罪过，吴国君臣也愿意长期做越王的奴仆。"

越王勾践想起往事，不好下决断。

范蠡上前说："从前，夫差在会稽山上围困我王，是上天把越国赐给吴国，但吴国不肯接受，才落到今天这个地步。今天我王在姑苏山围住夫差，越国如果违背天意，也会遭到上天的惩罚。"

然后，范蠡又对勾践说："大王每天起早贪黑，卧薪尝胆，熬了这些年，不就是为了今天吗？夫差虽在会稽山上网开一面，大王可别忘了在姑苏城割草为役的事，此种羞辱，常人不堪，况且是大王。"

勾践满脸涨红。

公孙雄祈求说："杀投降之人，上天必降祸端，难道，越国就不怕遭到天谴吗？"

范蠡说："吴王落到今天这个地步，就是遭到天谴的结果，越王绝不可步吴王后尘。你赶快回去，我们的大军就要搜山了。"

公孙雄流着泪回去复命。

越军很快将夫差一伙团团围住，范蠡上前指着吴王，列举他的罪状："大王有四条大罪，天理不容。其一，杀忠臣伍子胥和公孙圣。伍子胥忠诚守信，智慧超群，你却将他抛尸江中。公孙圣直言不讳，你却不明不白地把他杀了。其二，攻打齐国。齐国没有得罪你，你却找借口多次攻打它，斩杀无数齐国将士，使齐人夫妻不守，父子不保。其三，侮辱我王。越王勾践虽然在偏僻的东海边上立国，但也是一国之君，你却让他割草喂马，像使唤奴隶一样使唤他。其四，任用小人。太宰伯嚭是个逢迎拍马、暗中使坏的小人，你却对他言听计从。你上逆于天，下违于民。"

吴王夫差哀叹地说："今天就任凭你们处置了。"

夫差一伙被带回姑苏城关押，姑苏曾是他的王城，而今是他的监狱。

勾践派人对夫差说："越王有意把你安排在甬东（今舟山岛），有三百户人家供奉你，让你颐养天年，好吗？"

吴王说："天降祸给吴国，不在前不在后，正当我当政的时候。我丧失了宗庙和百姓，没有脸面再活下去。我年纪大了，不能再做越王的臣子了。现在我只有一个请求，我死后，用一块白布盖住我的脸，我无颜见列祖列宗，无颜见伍子胥。"于是拔剑自杀。

有人立刻用白布盖着夫差的脸，鲜血把白布染得通红。

夫差自杀，伯嚭惴惴不安，不停要求见越王，勾践答应了。

"大王，这些年来，我伯嚭暗中帮助越国，保护越王，助杀伍子胥，立下许多功劳。"

"不错，你的确为越国做了不少的事，你有什么要求？"

"臣希望能侍奉大王，殚精竭虑，义无反顾。"

"伯嚭，你认为你是一个忠臣吗？"

"臣以为是。吴王在时，臣谨遵吴王的意见，从不反对大王。"

"那么，吴国为什么亡国了？"

伯嚭听了这句话，吃了一惊。

勾践接着说："不错，你忠君，但你卖国。你把国都卖了，还拿什么来忠君？没有国的君王还是君王吗？你忠君也好，卖国也好，其实都是为了你自己。你所谓的忠君是想从君王那里得到好处，你卖国是想从别国那里得到好处。其实，你谁也不爱，你只爱你自己。"

伯嚭惶恐地看着勾践。

勾践接着说："你们这些小人，自私自利，蝇营狗苟。没有大局观念，只会花言巧语，利用了人性的弱点，捧杀了多少糊涂的君王。我越国刚有起色，若用你为臣，必将重蹈吴国覆辙。你享受了一生，可要感谢那位糊涂的夫差，你要下去陪他才是，怎么还想继续为害人间？"

伯嚭见求生无望，小人面目立刻显露，大骂越王勾践："勾践小子，你忘恩负义，不是我伯嚭，你早已被伍子胥杀了。"

勾践大笑，说："寡人若被伍子胥杀了，越国人还会纪念寡人；如果被你这种小人给欺骗了，寡人会身败名裂，成为贻笑千古的昏君。我宁可死在吴国忠臣的手里，也不能毁在你这种小人的口里。"

"勾践小儿，我变鬼也不会放过你。"

勾践又大笑，说："如果人死后真有鬼魂，你死后，伍子胥、夫差，还有吴国战死的将士都会找你算账，你还有精力找我算账吗？"

伯嚭显得害怕而绝望，大喊："我不想死，我不想见他们。我求活不成，求死不利，怎么办啊？"

勾践大喝："伯嚭，你一生以锋利之口害死多少人，来人，击打他的嘴巴。"

伯嚭的嘴被打得鲜血直流，一会儿就肿了起来。伯嚭怒睁双眼，想骂也骂不出来了，最后被拖出去杀了。

好人不得好活，坏人不得好死。

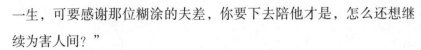

勾践称雄，范蠡隐退

老霸主吴王夫差死了，勾践是理所当然的新霸主，他还有许多国内外事务要处理，并没有立刻回国，在姑苏城待了好一阵子。

以前的勾践整天忙着灭吴这件事，灭吴之后，他更忙了。他的心中不仅有越国，还有天下。这个时候，他更需要依靠范蠡和文种。

范蠡忙了一天，回到将军府，西施迎他回来。

范蠡有了家的感觉。赵氏没有给过他这种感觉，而且，他忙于军务，也很少回家。他现在希望天早点黑，天黑了就可以回去。

"先生，吴国已灭，我们可以离开越国远走高飞了吧？"

"现在还不行。越王还需要我，我此时走，他会极不高兴，会伤及我的家人。"

"西施算是先生的家人吗？"西施甜美地问。

"西施不算。"

西施失望地看着范蠡，眼泪欲下。

"西施就是范蠡，怎么算是家人呢？"范蠡笑着说。

西施又喜极而泣，对范蠡说："西施为先生活，为先生死。西施有父母但不能见，有弟弟也不能见。先生就是西施的父母、西施的弟弟，西施的一切。若先生有变，西施只有死路一条。"

"你以为范蠡失去西施就能活下去？功名利禄是男人的必需品，但如果功名利禄换不得一个温馨的夜晚，要它们干什么？"

"有先生这句话，西施一生值得！先生，我们什么时候可以离开越国，过上正正常常、坦坦白白、开开心心的日子呢？西施还没有过过这样的日子。"

"等越王春风得意的时候，等我范蠡没有太大价值的时候，我们就走。"

"那还要多少年？"

"我也说不准。"

"天下还有先生搞不懂的问题吗？你预言二十年灭吴，果然如此。先生告诉西施何时能走，西施好有个盼头。"

"那我再预言一次。上次为吴国预言，这次为我们俩预言。越王向北称霸还需要两三年。"

“这么长啊。”

“你等了那么多年，这几年就等不得了？况且，我们已在一起。”

“我等了一个长夜，天越快亮时越难熬啊。我希望，我们去一个陌生的地方，没人认识我们。你不要再做官了，我们一同看朝阳，赏晚霞。先生垂钓，西施奉陪，做一对乱世闲人。”

“说得这么美，我今晚就想走了。”

第二天，朝中议事。

勾践说：“吴国已灭，中原失去秩序，越国理当负起国际责任。邾隐公为君不仁，引起国内怨愤，被驱逐出邾国。他先跑到齐国，齐国解决不了他的问题，他又跑到越国，天下人正在看我们越国怎么处理。寡人认为，为君不仁固然不好，但是，轻易驱赶君王更不好。若邾隐公承诺改正错误，寡人答应帮他复位。当然，这需要我们出动军队才能做到。”

范蠡说：“臣以为连年征战，越军军民已经不堪重负。应先把越国国内的事处理好再说。况且，北上称霸也是劳民伤财之举。吴国的教训，越国不能不吸取。”

文种上前打断范蠡的话，说：“先生，此言差矣。常言道，机不可失，失不再来。越国几十年创造的机会就这么放弃吗？现在正是北上称霸之良机。”

勾践笑笑，说：“范大夫长于军事。政治见解，你不如文种大夫。范蠡你安排军队护送邾隐公回国复位，记住，让他承诺不再对百姓残暴。”

范蠡说：“臣以为不如再立新君，以安邾国民心。”

“不，不。恢复邾隐公的君位，是让天下人知道，寡人反对犯上作乱的人，这样，天下君主才会信任服从寡人。吴王称霸只靠武力，寡人要文武并施，恩威并用。有了这一点，范大夫就不用担心寡人重蹈夫差的覆辙了。"

"臣祝大王称霸成功。"范蠡说。

"嗯，你这个态度就对了。"

范蠡处世，顺其自然。能改变的一定去改变，不能改变的便不强求。

勾践的确与夫差不同，和成就大业的齐桓公、晋文公一样，他经历了不同寻常的挫折，品尝了人生的艰辛，行事风格和一直处于顺境的夫差大不一样。

勾践尊王抑强，信立而霸。

他归还以前由吴国占领的各国土地。楚国、宋国、鲁国等国皆大欢喜，并倡言诸侯国各守其国，不得相互征伐。

他打击各国日益兴盛的造反势力。齐国权臣田恒杀害了齐简公，对继位的齐平公也根本没放在眼里。勾践兴师问罪，田恒不得不公开表示歉意。

做霸主不能不举行会盟。灭吴后不久，勾践约齐、晋两国在徐州会盟。当时齐国国君和晋国国君的政权即将被颠覆，哪有实力和勾践较劲，一切唯命是从。

勾践得到大国承认，这是内容；还需要周天子的承认，这是形式。挟天子以令诸侯，这是一个极好的称霸方式。

勾践主动向周王室献礼品，还派特使分别到齐、楚、秦、晋等国致意，相约共辅周王室。但秦国认为自己离越国很远，拒绝勾践这个"假尊王室，实霸诸侯"的建议。没想到勾践令越军西渡黄河，讨伐秦国。秦君一看势态不对，表示认罪服从，勾践这才撤军回国。

春秋以来，周天子像一面旗帜，别人要用时就展开，不用时就卷起来。但不管怎样，展开总比卷起来好。周天子对把自己展开并扛着跑的人也都心存感激，会给予口头表扬。这就像一对老年夫妇，养了一群不孝之子，忽然有一个孩子假惺惺地来看自己，老两口也会赞美几句。

周天子派人将王室祭祀用的肉赐给勾践，并册封勾践为诸侯之伯，也就是诸侯之老大。

不久，那个邾隐公又开始给勾践添乱。邾隐公在越军保护下，重获君位，但旧病复发，暴虐如故。邾国百姓不堪忍受。勾践又发兵把邾隐公抓起来，立他的儿子为国君，不料他的儿子也残暴成性。

勾践懊悔不听范蠡的话，当年把他废了就好了。勾践这老大当得也很烦恼。

既然是老大，大家有事就找你。后来卫国国君、鲁国国君日子不好过，就往越国跑。勾践想办法摆平，但是，往往一波未平，一波又起。

不管怎么说，有人看你的脸色了，有人听你的话了。

勾践已经记不起来当年在吴国那段屈辱的生活了。

公元前470年，勾践率领军队回到越国，范蠡被封为上将军。

勾践称霸告成，范蠡就准备隐退了。

他要先把两个儿子弄到齐国。

范蠡为什么选择齐国呢？齐国商业发达，范蠡告别政坛，想一心经商。

有了钱就可以做自己的主人，这是钱最大的好处。

范蠡见了勾践，说："大王，臣的老母年事已高，想见见她的两个孙子，请大王允许臣遂了老母心愿。"

"你和赵氏也一同前往吗？"

"不，不。臣还会在大王身边，赵氏也不会离开会稽半步。"

像范蠡这样的奇才，各国君王都会争取，若争取不到，也不能让别人得到。越王见范蠡萌生退意，担心他为别国所用，对越国不利，于是对他死死看紧。

"嗯，那行。范蠡，你为寡人出生入死，寡人要与你共享荣华富贵。"

"谢大王。"

范蠡为了离开越国，他要面见赵氏。

赵氏已好久不见范蠡，很是欢喜，但是，见到范蠡一脸忧郁，觉得有些异常。

"夫人，历来功臣难得善果，与其在越国遭难，不如出走。两个儿子还小，不能让他们日后受连累。"

"这些日子，越王加紧了对我们家的监视，越王很像是那种只可共历患难、不可同享富贵的人。我得嫁夫君，一生足矣。我一心以夫君和儿子为念，你们只管远去，不要考虑我。"

"我以母亲想见孙儿为名，由玄子将儿子带到齐国，我伺机把你带出去。"

"多谢夫君挂念，为了夫君，我可以献出一切。"

这几天，范蠡忙着离去的事，把官印和越王赏赐他的财物一起打理好，准备留下还给越王。同时，准备了一艘船，在浦阳江边等着。

玄子把范凯、范旋带出来，先到楚国，然后再转道齐国临淄，范蠡与他们相约在齐国临淄老商行"鸱夷子皮"那里见面。

范蠡要和文种辞行。

这些天，文种都睡到自然醒，他太辛苦了。他和范蠡一道，帮越王复仇称霸，他心满意足了。

晚上，见老朋友范蠡来访，文种显得既兴奋，又志得意满。

"范蠡呀，二十年前，我把你从楚国山中找出来，一同来到越国。这些年，我们共同辅佐越王成就今天的伟业，名满天下，先生应该感觉不错吧？"

"你觉得越王是怎样的人？"

"他是一代明君啊，对我们言听计从，礼贤下士。灭吴之后，越王大行封赏，虽然对我文种有些薄，我想他回国以后，会补偿我的。"

"我们俩都是楚国人，是为了对付吴国才到越国来的。吴国存在时，越国和楚国是盟友；吴国已灭，越国和楚国就不是盟友了。楚国是大国，潜力比越国大，不会久居越国之下。如果楚越开战，我们的处境就难堪了，那时越王还会那么信任你吗？"

文种忽然一惊："那我们怎么办？"

"功成身退。"

"不，不，现在还不是时候。你说的有道理，但目前越强楚弱的局面一时不会改变，越楚短期内还不至于兵戎相见，你多虑了。我们辛苦了几十年，该享受一下了。"

"文种，你看看月亮，月满之后必然亏损。人生也是如此，不要让人生处于饱满状态，在巅峰前要学会转身，巅峰之后就是下坡路了。得失之间也是互相转换的：得到一些，必失去一些；失去一些，必得到一些。我们的作用已经发挥完了。我们以前是越王的依靠，现在是越王的担心。他担心我们影响过大，不利于他的统治。"

"我看看形势再说，先生真的要隐退吗？"

"我早有此心，人各有志，我不强求你，但你要多加小心。"

范蠡从文种家出来，显得有些无奈。刚往回走，家里的侍女匆匆赶到，哭倒在范蠡跟前："大人，夫人自尽了。"

范蠡一惊："何时发生的事？"

"我刚刚才看到，这是夫人的遗书。"

范蠡展开来读："夫君，我知道你一直挂念我，不忍出走，现在到了不得不做决断的时候了。你不为越王所用，必被越王所害，与其他日我们一家惨遭杀害，不如用我一条命换得你们的安宁。今生得嫁先生，足矣。先生走好！"

范蠡大哭，但他不能亲自为赵氏操办丧事。

范蠡给侍女钱物，让她好好安葬夫人。回到将军府，他和西施一起，连夜出了城门，向西赶到浦阳江边。

"先生，我们就这样走吗？夫人还没有来。"

"夫人自杀了。"

西施非常吃惊，慢慢地说："夫人是用生命来爱先生的。"

船夫在前驾船，一轮弯月在天。

范蠡拥着西施看天上那轮亏月。

"先生，我们自由了。为了这个自由，我们蹚着血河而来。这些年，西施见识了太多的阴谋、屠杀。从今以后，我们再也不要看到这些。"

"是啊，我也早已厌倦。二十年来，我从没看见这么好的月亮。"

"先生，那是一轮亏月。"

"亏月最美。"

"先生是在逃避你在越国建功立业的满月吗？"

"所谓功业，无非是屠杀，我常梦见哭泣的母亲，她们向我索要她们战死的儿子。"

"先生不要这么想。如果不是先生灭了夫差，他不知要多杀多少人，毕竟，勾践比夫差懂得珍惜生命。先生以杀戮制止了更大的杀戮，百姓会永远感激你。当年你把我从苎萝山接出来，从浦阳江乘船来到会稽，我真的想你能陪我再回去，过平凡人的生活。"

"越国容不下我们了，但天下还大。"

"愿这么安静的夜晚永远不要天亮。先生，我明白了，亏月的美，在于它能给人期盼，它会慢慢变圆，而满月只能变亏。"

第二天，有人报告越王：范蠡不知下落，其夫人自杀身亡。勾践足足呆坐了半个时辰。

文种听了范蠡的劝告后，多了一份心思，担忧自己在越国的处境，听到范蠡出走的事，更加重了这份担忧。

他忽然想，我文种是在山上观看红尘之事，所以，我比一般人高明，而范蠡似乎在云层上观看一切。

百姓听说范蠡大人出走了，纷纷为他建立祠堂，纪念这位给他们带来和平和尊严的智者。

第五章

终成眷属，西施完美归宿

　　自古红颜多薄命，西施本是农家女子，只是因为天生丽质，做了越王政治斗争中的工具，事成之后，"兔死狗烹"，也是情理之中的事。至于西施到底是随范蠡归隐五湖还是被沉江底，只能由后人自己评说了。

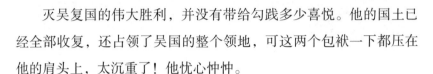

人心叵测，世事难料

　　灭吴复国的伟大胜利，并没有带给勾践多少喜悦。他的国土已经全部收复，还占领了吴国的整个领地，可这两个包袱一下都压在他的肩头上，太沉重了！他忧心忡忡。

　　勾践多么希望把扩大了的越国治理好，可一想到手下这班大臣，又犹豫起来。他们确也尽心竭力灭掉吴国，可他们靠的是用策略、施计谋、耍手段。他们对付敌人能够如此，难免他们不会这样对付自己？怎能对诡计多端的人深信无疑呢？而且他们都同情夫差，同情死敌奚斯。

　　"能信得过的人太少了！"

　　勾践躺在床上，望着冷冷的四壁心中愈加郁悒，似乎听到了自己深沉叹息的回响。他夜不能寐，把浮过眼前的大臣们一一品评，经过精剔细筛，好不容易挑出两个人：一是诸鞅，终日默默，不亢不卑，老成持重，善多思；一是古贲，是夫人侄儿，虽粗鲁莽撞，然呼之即至，可赴汤蹈火。两人在文治武功方面若能尽心，犹如他又添了一双眼睛，朝中诸事，皆可看清，他的一颗惴惴不安之心也可放下了。

　　从此，勾践逐渐变得喜怒无常，诸大臣难以捉摸他的心思，时或有唐突犯颜，勾践则厉声呵斥决不稍待，大臣们被弄得手足无措，心神不宁，畏之如虎狼。勾践慢慢把相国职权转交给诸鞅，连文种、计倪、苦成这班重臣也不被召入宫议事了，大司马印交给古贲，老将诸稽郢、诸无忌等形同解甲，唯有闭户饮酒、捋须叹息而已。都城里卒伍增多，操练繁忙，诸鞅整日端坐木然、冷眼静观，古贲则驰骋终日、飞扬跋扈，人无敢睐其目者，朝廷佞臣文恬武嬉，在冷漠的世态中好似出现了一些升平盛世景象。另一方面，权贵们家富势足，朋党比周，要尽了移天易日的伎俩，因而暗下里时有朝臣更换，甚至有贬谪边陲的，无人敢究其故。越王意欲追查西施下落，深究范蠡逋逃缘由，并罪其亲近，吴国幸存宫女皆被一一捕杀；范蠡驺从夵之甲被捕，鞠讯论报，大臣九人下狱，舌庸被审问四次，诸稽郢不许离开家门，将佐被关押者三百六十余人，太宰苦成惊怖而亡……

天空中阴霾四集，乌云密布，电闪雷鸣，计倪推开窗户叹道："毁人的风暴已经随着阴云卷来了。"

他低下头，想起了"智能多思，贤不居上，始可无悔"这句话，这是西施娘娘告诫他们的话语，范蠡告诉了文种，文种又转告了他。

"还不到一年的工夫呢！"计倪掉下了哀伤的眼泪。

他的双眼渐渐模糊，往日的景色似乎还在，又好像全都已经无影无踪，只剩下无边无际的黑色，空空洞洞，此外什么也没有。

天变了！

屈非飞快地跑到书房里叫道："大人，太史疯啦！"

文种浑身一震，猛地从椅子上立起，倒吸了一口凉气，心中立即坚硬冰凉。他已觉得死亡的阴云正在缓慢地向他移来，将要笼罩住他了。

放下书简，他没有换衣便走向门外，没有乘车和骑马，提起前裳径直往太史府走去。这条路并不太长，他与太史来来往往无数次，许多足印如今都已徐徐沉没于地层深处，踪迹已无，他不禁叹道："也许我们不可能再走一次了。"

文种放慢脚步，屈非紧跑两步才赶上。他深知相国习性，谁也不敢打断他的沉思，但他清清楚楚地见到相国用衣袖拭眼。这位铁一般的强人在悄悄流泪，屈非惊讶得几乎不能抬步，站在后面遥遥望着，好久好久。

　　往日宾客盈门的太史府，今天连阍人也不见，真可谓门可罗雀。文种一口气闯进后院，见墙边围着许多人，有人叫，"丞相来啦"，一时间，众人都惊讶回首，纷纷让开一条路。太史夫人领着两个女儿计启与计迪过来跪接，伏地号啕大哭。文种见计倪正蜷伏于墙角，用手扒泥，并抓起来往嘴里塞。他快步跑上去，只见计倪头发未绾，凌乱地披散着，衣裳不整，满脸泥污，两眼浮肿，面色焦黄干枯，嘴角边沾着嚼烂了的泥土，上面染着绿色的草汁，像是从疮里挤出来的脓。

　　"计太史！"文种慌忙向前，弯下腰，低低呼唤着。

　　计倪头也没抬，仍然在墙根爬来爬去，寻虫蚁吃、薅草嚼，把石子放进嘴里，咬得"格嘣格嘣"响。

　　文种走得更贴近一些，跪下，一手搭在计倪肩上，在他的耳边亲热地呼唤道："太史！"

　　痴呆了的计倪两眼发直，愣愣地盯住地面，像贪婪的饿鬼盯着一张甜饼，正计算着如何撕开大嚼，此外则木然无知矣。文种一阵心酸，抓住他手，扒掉他手心里的泥巴，把脸凑近计倪眼底，轻轻唤道："我是文种。"

　　计倪两眼依旧翻白。

　　"我是子禽呀！"文种声音几乎有点颤抖了。

　　计倪慢慢抽回手，张开口，把嘴里的虫蚁、烂草、细石，连同脏泥都吐在手掌心上，往文种脸上涂抹并嘻嘻傻笑着，那样子真比哭还凄凉。文种并不回避，只是死死盯住计倪双眼，见计倪乌瞳不转，像是被钉牢在眼皮上面一样……他绝望了。

　　太史夫人冲上去，掰开计倪之手，抱住他号啕大哭。人们慌了，一齐拥上架开文种，屈非一面替文种擦脸，一面小声劝道："大人，我们回去吧！"扶着文种慢慢往大门口走。文种再一回首，望见计倪正抓泥土填入嘴里咀嚼着，对周围发生的一切似乎已经看不见、听不着了，他面如死灰，嘴角流着血。

"迟了。"文种低下头寻思，"范蠡虽狂而狷，能逃死祸；计倪才智过人，不免疯癫；若成忠贞，惊恐而亡；自己耿直忠诚，肝脑涂地，竭智力以奉大王，想来终不免斧钺汤镬，难逃一死。鸟尽弓藏，兔死狗烹，果不谬矣。只是自己后悔已迟，太迟了，太迟了！"

等到文种望见相府大门，才知道自己是被屈非连架带拖着走的。他停下步，歇口气，对屈非说："我自己走，你回去。在我书房橱里有只黑盒子，里面有一点金银，我虽为尊官，却无厚俸，你拿出来，分予男女仆佣人等，大家各自回家，自谋生路去吧！"

屈非动也没动，惊讶地望着丞相，张开颤抖着的嘴巴，竟然一句话也说不出来。

"一定要照我说的办，明天就要办妥！"

文种语气坚定，话说完连头也没抬就大步流星地走进相府。他径直来到书房，似乎听到有"相国"的叫声，似计倪太史的呼唤，忙推开门，房里什么也没有，空空洞洞的像一个大坑，立时觉得浑身疲软，眼冒金星，心知不好，赶紧晃晃荡荡地向床边走去。眼前迷迷糊糊像有一堆堆的薄被和枕头在转动不已，他站不稳了，两手左右乱抓，"哎呀"一声一头栽下……

文种病了。

早朝，山呼已毕。

珠帘高卷，文武大臣分立两旁。越王勾践高高地端坐在镶着阔金边的龙椅上面，一对不大而明亮的乌眼向两边转来转去，文臣武将，尽收眼底。他发现文臣中站在首位的丞相不在，略为惊讶，文种已老态龙钟，原无足畏，可怕的是，这人有个装满智慧的脑袋，一上朝便絮絮叨叨引他厌恶，但不来朝又使他猜疑，谁知道那个脑袋里又会钻出一些什么样的鬼点子来呢！还有那个身材不高、面孔清瘦的太史计倪呢？也不在……

忽见古贲大步出班，叩首道："禀报大王，计倪太史疯了。"

"他疯了？"勾践微微俯身，望望古贲，小眼骨碌碌一转，疑云满脸。

"昨天疯的。"古贲连连叩头，"在墙边乱爬，啃泥嚼草，找虫蚁吃，人已不成样子……文丞相昨天去看他，也吓得病了。"

"嗟——"

所有文臣武将都被越王这声怪腔惊得抬头向金殿上望去，勾践头略左歪，似乎看着什么，似乎什么也没看。他的面颊上腮肉拉长且僵硬，声音里没有惊讶，也没有怜悯，却像幽僻鬼谷里鬼魅发出的尖厉长号，令人恐怖。

勾践正拈着下巴上的稀疏短髭，默默沉思："疯？由他疯，不要说吃虫嚼草，就是咀金嚼玉也算不了什么！可怕的就是他那智慧，智慧的力量能够战胜一切，也能够毁灭掉他自己，叫他如何能够放下终日悬着的一颗心呢？计倪年纪比寡人轻得多，工作起来精力充沛，不知疲倦，通天文，晓地理，知人事，明辨是非，洞察毫末，这样的人会疯吗……而且文种去看他，也病了，这么巧？文种老谋深算，智慧又远远超于计倪，他俩谈了些什么呢？也许是两人商量好才这样的，愚蠢的智慧无足畏，智慧的愚蠢那就深不可测了！"

古贲见大王总没言语，疑心是自己说得语气太轻，把计倪的病情说得不太严重的缘故，忙补充道："太史咬石子，把石子放在嘴里'格嘣格嘣'嚼。"

"嚼石子？"勾践忽然醒悟了似的，"他不会咽下肚里去，'格嘣格嘣'不过想叫人家听见罢了。他又在要智慧了，我必须除去他的智慧，使他的智慧变得一无所用。"

"还抓屎吃！"古贲以为自己说的话已经奏效，大王开口了，便又高声叫道。

勾践听了一阵恶心，他几乎呕吐，当初他尝夫差粪便都已二十年，至今嘴里仍有余臭，太难忍受了！

"除去智慧的最好办法就是砍掉有智慧的脑袋。"勾践下定决心，可一下想起计倪吃屎竟也有点同情起来，"寡人不杀他也罢，让那野狼把他撕得粉身碎骨吧。"

"这样的人活着还有什么用？"勾践像在责问古贲，"还能留在都城里吗？别国人知道多丢脸，你派人把他扔到郊外去吧，喂狼，免得他活受罪！"

这明目张脸指使古贲把太史活活弄死啊！两边老臣听了，面面相觑，无不凉生背脊，魂飞魄散。

古贲亲自领着五十名士兵跑到太史府，把门前屋后围得水泄不通，然后将府里的人全都赶进屋。四名士兵在计倪的脸上蒙着一件衣裳，抬起就跑，来到郊外的密林边，将之扔在地上。士兵们见计倪脸无人色，久已昏厥，嘴角边满是白沫，手里还紧紧攥住青草和泥沙，无不动容。

"已经死了！"一位身材矮小的士兵低声叹息道。

夜依旧深沉。

天色暗黑，万籁俱寂，有一只兔子一下蹦到计倪的脸上，迅即逃去，这一来，倒把智慧的计倪真的从睡梦中惊醒过来。他感到身下冰冷，眯眼一望，微弱的星光使得周围的一切都变得朦朦胧胧，较远的地方，似有一堆堆大大小小黑黝黝的怪物。他定定神，望望天上排列成斗勺形的北斗星，知道那儿是北方，下面一片墨黑的是丛林，脸向南边，可以望见一道长河的微弱水光，他明白，这儿不是城里，而在郊外了。他轻轻爬起来，发现这儿的萤火虫很多，飞来飞去，在一阵阵的荧荧萤火熠耀下，他才看清了周围荒冢累累，自己竟躺在坟墓中间。啊，这儿是西郊荒冢，很少有人走过，何况是夜晚，又是深夜呢！没有人，只有游游荡荡的可怖鬼魂河漂泊无定，伏在自己的荒坟旁呜呜哭泣，声音凄厉而且悲凉，令人闻之，毛骨悚然。值得欣慰的是，鬼魂并不理会人们要做些什么。

"我要赶快走。"

计倪思索一下，把上衣提起，撕下一角，将自己中指用力咬破，吸吮着血，等满满一嘴都是血污时，就向衣角上面喷去；又吮血，又喷；再吮，再喷……喷了好久好久，他把带着血污的衣角用手搓搓，理开来挂在茎地矮小多刺的荆棘丛上面。

他使劲吸了口气，茫然四顾。

周围一片静寂，大地似已死亡，唯一活着的人又浑身创痕，心碎神伤。计倪抬头望见北极星像粒宝石嵌在夜空里，那儿是北方，下面的晋国早已衰微，齐国畏惧越国，齐国与晋国都不会收容自己；在右边的地平线上，已经亮起了一颗熠熠发光的启明星，像挂在东方天空中的一盏明灯，照着难以逾越的浩浩荡荡的湖海；看来唯有往西方地域广阔、兵力强大的楚国去了。楚惠王善与智者谋，天下俊士归者如流，其人勇猛矫健，鹰瞵鹗视，贤君也，可能霸领诸侯，王有天下，海纳百川，岂拒细流？楚惠王会收容他的，自己能到楚国，即便为庶人更卒，了此余生，已属大幸矣。

计倪背着启明星，摸索前行。

走了一天又一天……

这天，计倪渡过大江，将入楚界，他转过身子，望着滔滔江水，突然跪在地上放声大哭！良久，他轻轻脱下布鞋，在水面上狠狠扑打，把鞋底上沙尘擦净，把灰尘认真而又细心地扑了又扑，这不是想把鞋子扑得清爽些？不，不，完全不，他要让鞋上尘土随水东去，流回越国，他舍不得祖国的一粒尘沙落入别国。黄色的土地比金子还要宝贵，无比肥美，无比洁净。土地里有奴隶的泪、农民的汗、士兵的血，养活着人。失去土地，人们便失去依附，无法生存，蒙受亡国之耻。自己已为复国耗尽了心血，怎又甘心把从吴国铁骑下夺回来的国土上面的尘沙带给楚国呢？他探手于江边水下，掬些沙子嗅嗅，香呵！捧些水尝尝，甜啊！他终将别离祖国而去，但他决心当祖国危难时重新返回，为祖国献身，现在可不甘愿被暴君无辜地活活掐死……

亲爱的文种、稽拓、皓进、曳庸、皋如诸大夫，告别了；亲爱的夫人与女儿，告别了；亲爱的士兵们，告别了；亲爱的乡亲们，告别了；善良的祖国兄弟姐妹们，告别了……

突然，他恭恭敬敬地朝着东方磕了一个头，泪如泉涌，拍着地大声痛哭道："西施娘娘，谢谢你，谢谢你！告别了！"

疾风骤起，很冷。计倪爬起来，拭干眼泪穿好鞋，掸掉衣尘，掉转身迎着刺骨的寒风昂首前行，向着西方，向楚国。

勾践跨进相府，径直走向卧室。

相府的一切宛若往昔，只是二十年来的岁月不居，时节如流，风侵雨蚀使周遭众物蒙上一层灰暗色彩，犹如人走向老年，不再光华四射。当年勾践自吴返回，每遇疑难，总是亲临相府，求教于丞相。勾践令驺骑与虎贲分守于门外两侧，自己徐徐步入。卧室里仍然是那张简便的木床，近南窗口横着一张不太宽的长桌，桌上堆满竹简，两条长凳靠在墙边，连床上的草席与薄被也没有换过。这次北上，多行满囊而归者，唯文种返越那天，民慕其贤，送行数千人，皆欲一睹丞相风采。一位老人立于道上流着泪说："小民不敢以壶浆劝饮，怕伤贤相清白，谨奉吴江一盂清水，唯祈于千百里途中，能稍解大人口中燥渴，乃吴民之心愿也。"

老人捧盂过顶，跪于马前，扶之不去。文种不忍，为之下马，跪饮一口水，解一枚佩玉馈赠老人，始策马缓缓前行。民见之者，无不失声恸哭，高呼"清水丞相"，扶老携幼，夹道奔送30余里，犹依恋号呼不已，就连勾践听说，也曾为之动容，不过他想到百姓并不曾如此欢送过自己，又闷闷不乐了。这番不同了，文种静悄悄地躺在床上，竖眉低垂，善目闭合，那长方形的面庞上，皮肤蜡黄，双颊内凹，瘦得几乎没有肉了，连勾践也心生怜悯。可他一眼见到那个头发绾起来的额头，上面虽有几道短而细的浅浅皱纹，却依然光亮，20多年的时光流逝，一切都在褪色、衰老，唯独这个脑袋并未被触及。这个脑袋里面蕴藏着的智蕊慧光，曾使强大的敌人心惊胆寒、魂飞魄散。今天看来，智蕊还在绿色的花枝上徐徐开放，慧光射出的光束仍然熠熠流灿，只是他已不再需要这些了。

文种卧床已经整整三天，没吃饭，连水也没沾唇，他把家里佣人都打发走了。文种原为郢子国人，在楚国宛囊县做县令，弃家来越后，家人都被楚昭王杀害，心无所牵。他原本洁洁净净来到人间，今将清清白白撒手归去，志洁行廉，心无惭德。他明白人有希望才有奔头，生命才有活力；失去希望，犹如灯盏里面没有了可燃之油，生命之火行将熄灭。这番灭吴复越的希望实现了，他喜悦自己已经成为胜利的化身，他向群山呐喊："胜利了！"山鸣谷应，立即发出一个接一个的欢快回响，震天动地。他向大海呐喊："胜利了！"可是那浩浩滔天的大水，丝毫不理会，依然独自汹涌澎湃、翻滚奔流，并且吞没了他的呼叫，他被冷落了，感到孤独。等他静下来，再细细思量，才渐渐醒悟：原来自己生活在别人的生活里，在别人的梦里做梦，希望实现别人的希望而已，他只能为别人的喜悦而喜悦，为别人的悲哀在唏嘘落泪，是享受不到实现自己希望后的那种欢愉的，永远享受不到。复国后，他得到什么呢？两手空空，什么也没有，即使希望做一个盛世子民也不能够！这不禁使他油然生悲，潸然泪下了。

勾践看见文种干枯的眼眶慢慢润湿，流出了泪，就走到他的身旁，俯下身子，轻声唤道："丞相。"

文种听到这分明是勾践的声音，吓得浑身冰凉，忙睁开眼，一看，果然是。他挣扎着想爬起来，可是体弱力衰，如何能够？勾践用手按住他，摇摇头说："不要动，就躺着吧，这样好些了吗？"

"好不了！"文种望着勾践，鼻子一酸，眼泪直流，呜咽着说。

这语气就连文种自己也觉得没有悲伤，不是绝望，而含有压抑不住的勃勃怨气。

"你怎么会死呢？"勾践听了心中怫然，冷冷地讥刺道，语气里毫无抚慰之意。

文种一怔，便无声息、痴痴地望着勾践。

勾践那双小眼睛盯着文种，似乎想把眼光穿入文种的内心深处，看看里面究竟藏着什么，他何尝不感激文种呢？文种披肝沥胆，竭尽忠诚，复兴越国，扶助他从奴隶中重新登上王位。他也重用了文种，封他为丞相足足有二十年之久。自己原本是越王，今天仍然不过为越王而已；文种原为丞相，位极人臣，今天还能封什么官呢？他过去曾经对范蠡说，复国后将与其"分国共之"，幸而范蠡走了，对文种也该这样吗？那无非是句客气话，如果真这样，那他何必为奴作仆、含垢受辱、卧薪尝胆，去与吴王浴血奋战呢？二十年来辛辛苦苦收复回来的国土，他甘心拱手让给别人吗？不，决不！可他刚才清楚听到的是文种满腔怨气。文种想干吗？这是他永远猜不着摸不透也最为忧虑的了。那位威凌诸侯的夫差，也算是当代的隽人英杰了，犹被文种玩弄于股掌，最终导致国破人亡，想到这里，他就不寒而栗。

"看来丞相耗尽心血了！"勾践叹口气，声音里有赞扬，也有猜忌。

文种听得出，这分明是用尽心计之意，指他为越国呢还为自己？他转而又想，也许是大王口误，但这话里的分量很重，压在他的心头上，令他惶恐。他怃然叹道："大王，微臣之心有如日月，有细微处必昭然若揭，竭尽愚忠，报效大王，此外别无所能了。"

勾践一阵厌恶，他听腻了文种一次又一次的自我表白，就把话头引开，问道："你去看过计倪了？"

文种心一缩，知道勾践又撒开他的疑网，那网大而且细密，很少有人能够逃脱掉得，他必须小心翼翼、深思慎言，再也不能流露出丝毫的怨情愁绪了。于是点点头道："是的。"

"你为什么去看他呢？"

"听说太史疯了。"

"计倪疯前，他跟你谈些什么？"勾践又逼近一步问。

"没谈什么。"

"你去看计倪，与他又说些什么呢？"勾践更进一步地问。

"什么也没说。"

"那你们两个人相视默默就能够莫逆于心，真可算得上是一对深情厚意的密友了。"

文种心中一惊，望住勾践，不敢回答。

"因而你回到家也就病了。"勾践冷冷一笑。

"这是因为微臣年纪老迈，体力衰弱，病不免多了些。"文种慌张地解释道。

"可你跑去看计倪时，竟然连车骑都不要了，不是吗？"

文种又为之一怔，什么话也说不出来，他感到自己是一只惊恐迷途的小家鼠，正在饕餮的老猫利爪下，听凭老猫捉捉放放，百般玩弄，再也没有逃生希望了。

"你的智慧无穷，太聪明了！"勾践吁了口气，把带来的《光鉴》轻轻放在文种的枕头旁边，"这是你编的。"

文种望望《光鉴》，心中又是一阵悲凉，当年编写此书，他足不出户达三年，双鬓皆白。他到越国，计倪见书，以为诡谲不可多得，推荐给越王。勾践看了大喜，视作治国宝书，因此拜文种为下大夫。今天怎么拿来了？他连忙说："这是胡乱编写的，算不上有什么智慧。"

"书名叫《光鉴》？"勾践像在看着书说，又像在问文种。

"有'光可以鉴'之意。"文种说，"就是以书上的事例，来对照一下自己的言行，想想后再去说、再去做，可以少些失误罢了。"

"这书确确实实帮了寡人的大忙。"勾践似乎有些动情了，坐在床沿上，轻轻拍拍《光鉴》，"寡人常常看它，有的地方差不多都能够背出来，如第77则——"

文种见勾践微露喜色，心中不禁浮起些许欣慰，《光鉴》真的能够融化他那颗凝固如冰一样的冷酷之心吗？

"那是吴王僚伐州之事。"文种接上去说。他对自己编写的书能够倒背如流，"在鸡父那个地方，吴王僚先用三千名罪人与胡国、沈国、陈国的三国军队作战，罪人们打起仗来，冲一阵、停一会，冲冲停停，停停冲冲，乱七八糟，搅得敌人不晓得如何对付，忙成一团。这时吴王僚亲率大军突然杀至，敌人措手不及，全军溃散，吴王僚生擒了胡国国君髡、沈国国君逞灭与陈国大夫夏啮。"

"是这样的。"勾践点点头，笑了，"携李之战寡人就用罪人的瞎捣乱打败阖闾，使阖闾受伤致死。四十七年前，阖闾想出的法子，寡人用了，还替吴王僚报了一剑之仇。还有第四十六则——"

"那是秦穆公伐晋之事，"文种记得一清二楚，"有人献上一杯酒慰劳他，秦穆公听了蹇叔的劝告，自己没喝，而是把酒洒入河里，他与将士们全都跪伏在河边，承流而饮。将士们无不振奋，欢呼'万岁'，以为秦王能与他们共甘苦，皆乐为之战死。"

"这法子真能大得人心。"勾践连连点头，"夫椒战前，寡人

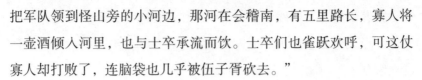
把军队领到怪山旁的小河边，那河在会稽南，有五里路长，寡人将一壶酒倾入河里，也与士卒承流而饮。士卒们也雀跃欢呼，可这仗寡人却打败了，连脑袋也几乎被伍子胥砍去。"

想起这段伤心往事，勾践神色凄然，竟然落下几滴泪。文种看见这样，心里居然也有些暗暗惊讶。

"当时寡人恨你，真想把你五马分尸！"恼怒了的勾践，突然一变，就像一头张开血盆大口要吞噬人的狮子，咬紧牙。

文种心里不禁打个寒噤，他刚才惊讶什么呢？要知道鳄鱼也会流泪，那不过是在告诉面前的猎物说："我要吃了，吃你！"

"后来寡人知道那个该死的石买对士兵太凶残，动不动就打、就杀，士兵们不愿为他卖命，寡人杀了石买，把他的尸首丢在荒野上，让狼啃！"勾践两眼喷出狡诈的凶光，"不过寡人把怪山边的那条河称为'劳师泽'，不像秦穆公那样叫'投醪河'，毕竟寡人失败了，这不是《光鉴》的过错。另外，如第十三则有苏氏进妲己而亡殷，就很不错。"

"那是微臣'灭吴七术'中的第一术，即'遗美女以惑其心，而乱其谋'是也。"文种又有点兴奋起来。

"其他六术也都在这册书里，因此说《光鉴》是一册智慧之书，而这书是你编的，难道你不是智慧无穷的人吗？"勾践的语气有些严厉起来。

文种觉得自己又撞上了勾践那张疑网，这时深悔未免多言，可是已经来不及了。他急得流下泪水，悲伤地说："这是编的书，哪能算得上什么智慧之书呢？即便微臣有点智慧，也都奉献给大王了，犹如大王自己的智慧一样。"

"不一样，完全不一样。"勾践摇了摇头，"充填满智慧的脑袋，是长在你的脖子上的。"

文种已经觉得勾践的声势益发咄咄逼人，他肝胆俱裂，心则纷纷碎矣，凄然道："大王，微臣的这个人也是属于大王的。"

勾践清清楚楚地听到了文种从内心深处发出来的乞求生存的哀哀啜泣，文种确也没有什么不忠于他的地方，他为复兴越国真可算心力交瘁，今天这求生的话语里也浮着自己的声音，这啜泣里也流有自己的眼泪。二十多年前，自己对夫差也这样表白过，而且做奴仆后，是文种教导他避开死亡的法子，最终杀了夫差。这个智慧绝顶的人，今天就躺在他的身旁，怎能使他高枕无忧呢？

十年前，他打败吴兵，巡察战地，看见一位白盔白甲的将军躺在血泊之中。士兵们告诉他："那是吴国的太子友。"他忙下马，一看太子友的头颅好像裂了开来，流着血，头盔落在一绺乌发上，还沾染了血污，那血红之色是那样令人心碎。太子友的双眼没有闭拢，白皙的面容上犹含怒色，但都未能掩饰住那惹人爱怜的俊美。自己在吴时，太子友正年少，眉目如画，聪慧过人，谁见了都十分喜爱，今天竟然死在他的手下。他不觉又走近几步，没想太子友突然举手一剑，正刺中他的脚踝，两边骖骑立即冲上，乱剑交加，把太子友剁为肉醢。这使他至今心寒，战争消耗了他的血汗与精力，连感情也被战争消耗尽了。

他冷漠地说："这寡人知道，智慧原是好的，可想出智慧的脑子和运用智慧的人则未必都忠实可靠，寡人又怎能知道你的脑子里现在想些什么呢？"

勾践坦率地把网收拢，文种明白自己终于被紧紧缚住，此时唯有低目无语、束手待毙了。

"你看伍子胥是个怎样的人物呢？"勾践又换了一个话题。

文种望望勾践那张变化无常的面孔，心中惶惶，又不敢不答，嗫嚅道："他是吴国的一位大忠臣。"

勾践哼了一声，冷笑道："可是吴王却宰了他！"

"不是宰。"文种小心翼翼地说明白，"是吴王赐给他一把属镂剑，命他自刭的。"

"可伍子胥却是令寡人刻骨铭心痛恨的最狠毒的仇敌！"勾践的脸色都变了，"他到死都不忘消灭越国，杀死寡人，而你，竟认为他是一个大忠臣！"

勾践心中更加激愤。

文种的心一下子停止跳动，脸色苍白，微微张开的嘴唇有些颤抖。

"这也说错了吗？伍子胥不是吴国的大忠臣吗？我又没说他是越国的什么人啊，唉！"

文种迷惑不解。

勾践此时对文种看都不看一眼，极度地痛恨这个不通人情的老头儿，专与恶人为善，时常顶撞自己，而且炫以为忠，这样算是忠臣吗？

"你见过属镂剑吗？"勾践问。文种惶恐地望着勾践，不敢开口，他不敢再把战战兢兢的脚提起，去踩动勾践的疑网了，即便触撞一下，他也将被缚紧难逃，好像小虾碰上了乌贼，会被乌贼的触腕牢牢吸住，卷入口中吃掉一样。

"我带来了。"

勾践站起，"嗖"地从腰间抽出属镂剑，掷在文种的胸口上说："这把就是吴王宰伍子胥的属镂剑！"

勾践走向门口，头也没回。

"愿你成为越国的大忠臣，把没有用完的'灭吴七术'带给先王，知道吗？"

勾践一脚踢开房门，走了。

"不是网破，就是鱼死。"勾践的疑网未损，文种其死必矣。

文种眼泪一下夺眶涌出，他原也没想活，只希望一个人静静地躺在床上，悄悄死去，如今连死的选择也没有了。他不是死于失败，没有死在敌人的吴钩与强弩下，而是死于越国胜利之后，越王要他拿起剑来，自己割断脖子。直到现在，他才用泪水洗亮了一双永远没有看清人生的眼睛，可是迟了，他已走到路尽头，来到人生旅程中的最后一站。

死亡原本没什么可怕的，这一站是人生的必然归宿。只不过有的人走得时间长些，有的人走得时间短些罢了。有的人舒心乐意，含笑死去；有的人流尽血泪，饮恨而亡。这里面的众多悲欢苦甜、生怨死哀的故事，纷纷然若乱丝，谁又能理清？谁又能一则则都了解呢？

夫差告诉他："吾闻狡兔已死，良犬就烹，敌国覆灭，谋臣必亡。今吴病矣，大夫何虑乎？"他听不进。这是敌人夫差临死前对他的告诫，其音也哀，他斥以为妄。

范蠡告诉他："夫越王为人，长颈鸟喙，鹰视狼步，可以共患难，而不可共处乐，可与履危，不可与安：子若不去，将害尔于子明矣。"他听不进去。这是好友范蠡离开越国前对他的谆谆告诫，其声发自肺腑，他笑以为报。

西施转托范蠡告诉他："嗜杀者不仁。大夫乃楚人，飞鸟已尽，良弓宜藏，我为大夫忧。请为我致意文种、计倪诸大夫，智能多思，贤不居上，始可无悔。"他听不进去。这是越国的浣纱民女、吴王最宠幸的王妃，在离开吴国不愿返归越国之前对他的告诫，衔凄茹叹，其声苍苍凉凉，他以为非。

今天看来，不管是敌人，还是朋友；不管是吴国人、楚国人，还是越国人；不管是男人，还是女子，都早已识别勾践的为人了，唯独自己懵懵懂懂，自视不明，不信别人，终食苦果，这又能怨谁呢？

望着胸口上的属镂剑，他落下了悲怆的眼泪。

自己的一生，多么像枕边这部能够摊开的《光鉴》，每片竹简都可以看得清清白白，坦坦荡荡淳至已极。纵使时光倒流，能一步步往回走，他也决不愿意偏离自己原先走过来的足迹，他没有错。只是他攀上生活高峰后仍未停步，一头栽落于面前的悬崖绝壁之中，这上面满覆令人目眩的红花翠草，他无论如何也没料到下面竟会是万丈深渊，如今真的成为"一失足成千古恨"了。

文种撑撑身子，起不来，摸着属镂剑，他已无力举起来了……

"连死也这么艰难啊！"

泪水溢满了他的双眼。

夜幕低垂。

突然门一开，闪进一个人，随即把门掩起，低声唤道："大人。"

文种悚然心惊。

待到来人把灯点亮，文种看见面前站着的，头发散乱、浑身血污的竟是屈非！他惊骇极了，忙问："你还没走？"

"走不掉了！"屈非脸色苍白，见丞相健在，略显惊讶，紧张地说，"城门口都有重兵把守，只许城外人入内，不允城里人出城，不听劝阻的就都被士兵扑打，逃跑的就地杀死。我远远看着，吓坏了，赶快回转，路上碰见皓进大夫家的膳祁予，他一把拉住我说，'天啦？你还活着？'我问他怎么啦。他说，他见到相府里的仆佣人等都被抓住，一路上哭哭啼啼，被押往大司马府去。刚才大王从丞相府出来，传说把丞相杀了，吓得诸无忌将军用炭灰揉瞎了双眼，他家大人自己也用石头砸断了右腿。如今士兵到处抓人、杀人，满城慌乱，恐怖极了！我听说后，就立即奔回相府，在门口被把门的士兵捉住，打得半死关在厢房里。过一会儿，我听听门外没有声音了，才从房顶上爬到这里。"

文种愕然，好久好久没有缓过神。

他明白士兵们暂时还不会进来，也许等待他自到后才来收尸，还会为他举行葬礼，在血迹上洒满鲜花，广布大王恩泽。多活一会儿，只会多给他一些屈辱与苦痛，他说话了："屈非，我拜托你一件事。"

文种拱着手，眼里噙住泪，哀婉地盯住屈非。屈非慌了，忙道："小人一定办好，万死不辞。"

"不是要你死，"文种摆摆手，指着胸口说，"请你拿起这把大王给我的属镂剑，刺杀我！"

屈非瞠目结舌，呆若木鸡。

"我实在无力举起这把剑呀。"文种长长地吁了一口气，祈求似的望着屈非。

"不能不能，我不能！"屈非哭了，"这件事即使禽兽也不忍心干，我是人呀？"

"你忍心看我为了遵从大王命令，用剑把自己刺得半死不活吗？你忍心看我带着这剑疼得满地乱爬吗？你忍心看我悲痛哀号、鲜血流尽，然后才僵尸般地扑在暴君的眼前吗？"

屈非含着泪水，木然地望着文种。

文种在沉思，久久……

"屈非，记得吗？亲仇不共戴天！"文种突然变得疾言厉色。屈非仍然立着。

"你必须要杀死那个杀你父亲的仇敌！"文种命令道。

屈非微露惊讶，心想丞相疯了，摇摇头道："听不懂。"

"那你听着！"文种大声说。

十三年前，西施来吴后的第三年，郑旦已经死了。一个晚夏，天气燥热，西施来到山顶花园南端的浣花池内，独自划着莲桶在荷香满池的叶阴下轻荡，徐风习习，亦颇快意。忽有曼声长歌随风浮来，凄凉哀怨，真难以卒闻也。她不觉停划谛听，其歌曰：采莲复采莲，莲叶何田田！莲花合风开，香飘御宫廷。莲舟浮水上，终日难见天。依似青莲子，苦在心里边。

西施将莲桶缓缓拨近采莲舟旁，看见一位宫娥正在采莲蓬，不觉问道："你的歌声怎么这样悲切呢？"

那宫娥回首一望，忙敛手道："娘娘万安。"复笑道，"娘娘还记得土城中的画眉人吗？"

西施再仔细一看，吃惊道："那你是丁曳姐姐了。"

丁曳曾与西施一起在土城学习歌舞，善画眉，时与西施同时理妆，代西施画眉，因此认得。

丁曳道："自来吴后，娘娘入宫，我就在这儿采莲，都三年了。"

西施问道："想姐姐有烦恼事，歌声何其悲也。"

丁曳道："昨天我去水坞修理莲舟，遇见越人屈其，他说其母茅氏与娘娘的祖母合是亲姐妹。"

西施点点头道："我听说过，是有这个亲戚，屈其还是我的姨父呢，他在吴国呀？"

丁曳道："他到水坞修桥船，与左林同在水师里。"

"左林是什么人？"

"是我的丈夫。"丁曳说，"我们婚后生了一个孩子，叫左非。左非五岁时，左林被抓去当兵，我被送往土城，忧孩子年幼无依，萦回牵念，寸心碎磔，是以悲耳。"

西施惋叹道："一入宫门，其深似海，亲人都绝，人似游尸，落落无所凭依，已乏生趣久矣。"

丁曳垂首唏嘘，泣下沾襟。

西施听后也恻然伤悲，沉吟良久，说道："纵然我能使姐姐离开王宫，千里迷途，姐姐亦归家不得。"

丁曳哭道："娘娘但能援引以手，是起死人而肉白骨也。奴婢甘冒万死，哪里还怕什么征途艰险呢？"

西施脱下一只蓝田碧玉手镯，交给丁曳说："那我就试试看，这是越国至宝，姐姐留下，也许能够用着。"然后道声"保重"，拨开莲桶，徐徐荡到岸边，上了岸，走回宫去。

到第三天，来了一位宫娥替代丁曳采莲，并传大王圣谕，丁曳老病，恩准离宫，并赏给回家路费。

丁曳谢恩毕，便收拾回家，一路上披星戴月，露宿风餐，那百般艰难、千种酸辛，就不必说了。

这一天，丁曳总算渡过浙水，家乡在望了，但觉得体衰力竭，疲惫不堪。她勉强行走，一步一拖，抬头一望，已到了固陵渡口的外城堡下面，但浑身滚烫，口中干渴，两腿痉挛，不觉一头栽下，昏昏睡去。

说来也巧，文种正巡察过此，看见城堡下面躺着一位女子，身着吴宫衣饰，腰如束素，延颈秀项，不禁大惊，走上前去呼唤她，问她是什么人。

丁曳于朦朦胧胧之中听到有人在呼唤自己，眯眼一看，见面前围着许多士兵，中间有一个人玄冠缊带，正弯腰问她。她明白这是一位大官了，自己欲动不能，只有伸出右手，颤抖着举起蓝田碧玉手镯，断断续续地说："夫左林，子左非，南里丁曳不能归。"

声与泪下，一恸而绝。

文种见这玉镯光辉闪耀，知这女子非同一般，忙命人飞马去诸暨南里寻觅左林、左非前来。没几天工夫，去人回报：左林正在军中，远征在外；左非是一个孤儿，被邻人屈姥姥收养，改名屈非，今已带来。文种见屈非只有七八岁，怜其幼稚无依无靠，乃留养于军营。

时光飞逝，又过了三年。

夫差亲自率领精兵北上，将会诸侯于黄池，欲霸天下，以统一中国。勾践趁吴国空虚之际，引大军入侵姑苏，大败吴兵，吴国太子友战死。文种领死士五千人、戈船三百艘，在太湖上全歼吴国水师，虏获大翼、突冒、楼船、桥船及小翼战船无数，连赊赊大舟也捕获到了。文种大喜，登上吴国的艘艘大舟，见桅杆上面有一名吴兵，接连射死登舟的越兵十余人，越兵惊恐，皆裹足不敢向前。文种命令士兵合围，引强弩齐射，箭若飞蝗，吴兵身中数箭，如鸟折，从半空中倏忽堕下，腿骨都断，犹未死，破口大骂勾践。文种壮其勇问他叫什么名字。吴兵怒道："我叫左林，恨未能生啖汝肉！"随之"呸"地将一口鲜血吐在文种的战袍上，文种勃然大怒，命士兵乱剑把他砍死……

事后，文种猛可忆及固陵女子病危时的悲凉歌声，难道这就是那位原来的越兵左林吗？他心中大悔，等到屈非长大成人以后，就收为驺从，爱若己子……

"这是你母亲丁曳的遗物。"文种从枕头下面摸出一只蓝田碧玉手镯，拿着，手有点抖。

霎时间，屈非眼前浮起箭如飞蝗、刀剑交加、父亲血肉飞溅的悲惨景象，一双眼睛刹那间气红了。他一声没响，跨上前一步，拿起属镂剑向文种的喉头猛力一刺，一道鲜血喷出，创口汩汩淌着血，愈流愈少，最终渐渐停住，血流尽了，连一滴也没有剩下。

文种没有出声，动也没动，死了，像睡熟了一样，静静的。

他手里的那只西施娘娘的蓝田碧玉手镯，仍然在发着熠熠光辉。

屈非抽回剑，忍不住的泪水从面颊上哗哗流往胸前。他向文种跪下，双手抱住剑柄，将剑尖对准自己被泪湿打了的胸口。猛一着力，剑像刺进瓜瓤一样，他觉得隐隐疼痛，胸口破裂了，地面上慢慢汇聚了一摊血，屈非徐徐倒在血泊之中。

文冲伏剑前犹谓："后有贤者，百年而至，置我三蓬，自章后世。"还笑曰，"后百世之末，忠臣必以吾为喻矣。"

"文种死了！"古贲如飞一般，跑遍内苑才寻到越王，慌忙跪下禀告了这一喜讯。

勾践眼望长空，手拈短髭，长长地吁了一口气，意适心舒。

"他床前还有个屈非。"古奔叩着头说，"两手紧紧抱住属镂剑，也自刭了。"

"谁？"勾践大惊。

"文种的驺从屈非。"

"哦！"勾践听说是驺从，也就不想追究，立即下令，"跟计倪一样，把文种的尸首拖到西郊荒冢去，喂狼！"

文种没有被狼吃掉。

越国善良的人们悲叹文种的不幸，等到夜晚，悄悄来到西郊，把文种的干瘪尸首搬上西山，在东北坡挖个坑埋了。人们还把西山改称为"种山"，纪念文种大夫。

一晃三年过了，范蠡在齐国经商，成为天下巨富，他一个人又悄悄南归，重游故越。曾有人在阳城里见着他，就把那阳城里称作"蠡城"，用来纪念这件事。

范蠡步行，沿浙水西上，但见两岸良田都被江水淹毁，民无生计，嗷嗷待哺，情至可哀。乃散钱十万，劝民加固堤岸，并在澉浦、盐官与今天杭州建镇海塔；铸十八头铁牛，置大堤上，用以镇潮。

之后，范蠡亲自到江边上，哭祭了文种。又乘船西行，至富春江，见江水清澈，游鱼往还可数，晶莹可爱。范蠡十分喜悦，拿出一只小巧玲珑的白羊脂玉杯，舀满水，再看杯中，却好像没有盛着水一般，明净极了。抬头望见远山隐约，有似颦眉，不禁叹道："心如白水，眉似黛山，西施化入此处画图中矣。"

那范蠡又到吴山上的"伍公庙"叩拜伍子胥，留有"跪阶"在山的东北处。然后范蠡慢慢从北坡下去，望见吴山与对面的宝石山中间抱着的一湾浑浊的江水，寻思良久，说道："富春江水能净天，我何不将身边这杯水留此，一洗这江水中的污浊呢？"

于是他将白羊脂玉杯倒入江水，就是后来的西湖，因此西湖水清澈明净，天下少见。

范蠡独自一人重返姑苏，寻觅旧踪，然后乘一叶扁舟，划往姑苏城东南三十里的三江口，出三江，入五湖，泛舟于烟波浩渺的太湖水上，进入那些缥缥缈缈的佳山秀水之中，寻觅西施游魂所居的那些瑶馆琼阁去了。

北宋大诗人苏东坡至杭州，见西湖，大惊道："美哉，山灵水英，天下之秀，无不荟萃于此矣。这儿天朗朗似面，山羃羃如眉，柳丝丝像秀发，水粼粼若眼波，西湖美丽如此，亦若绝世丽人西施也，不可以无诗。"

苏东坡为此写了《饮湖上初晴后雨》两首，其中第二首是：

水光潋滟晴方好，山色空蒙雨亦奇。

欲把西湖比西子，淡妆浓抹总相宜。

从此，人们有称西湖为"西子湖"者。也有人说，西施"朝为苎萝山，暮化西湖水"，西湖原是西施芳魂归宿处，难怪世人纷纷前来西湖，皆欲一睹其明丽动人之风采。

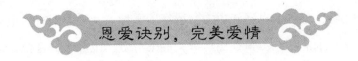

恩爱诀别，完美爱情

范蠡的暮年好像突然来到了，他常常呆呆地坐着。

西施体味到了他的痛苦，也常常陪他坐着。

"我们俩总有一个要先走，我比你大，应该比你先走。我其实最愁的，是我死后，你怎么过下去。"

"还是不要想这些问题，我们开开心心度过余年，好吗？"

"西施，我一闭上眼，就是小时候的事。这些日子，我特别想念母亲，想老家。母亲一定不在了，我让玄子去一趟楚国，不论怎样，向我报告一点亲人的信息。"

"谁不想家呢？先生，也让玄子去一趟苎萝山，好吗？"

"我已经安排了。西施，有生就有死，我们要坦然面对死亡。"

"其实比死亡更可怕的，是悲惨地活着。死亡是一瞬间的寂灭，悲惨地活着却是长久地折磨，我怕孤单地活着。"

"人生本是无，在我们出生前，哪有范蠡西施呢？人死之后，又归于无。有生于无，终归于无。我这样说，并不是悲观。我们每一个活着的人，都是那么幸运。

"万千条件的具备，才产生我们。天下芸芸众生，能像我这样有一点智慧的。像你这样美貌的，又有几人？这还不算，我们能相识、相爱、相守，又有几人？我们是幸运之幸运。我并不抱怨人生，只是感谢老天。老天在我晚年时，给了我一次痛苦的体验：白发人送黑发人。我想老天自有它的理由，人的那点聪明是永远弄不明白天意的。老天如果缺乏智慧，它怎么能安排好这万事万物的来来去去呢？我们只有顺了天意。"

"先生，这么想就好了。我们出去走走，看看风景。"

"我当然想啊，可这腿脚不灵便了。年轻时，哪里懂得年老时的不便？人生的两头都是那么脆弱，但婴儿有母亲呵护，年老时只有老伴呵护。"

"我们互相支撑，互为父母吧。"

"西施，我想拿一笔钱，给陶地十岁以下的孩子和五十岁以上的老人以资助。让他们幼有所养，老有所依。"

"好啊。"

陶地的老人和小孩欢天喜地，个个感激范蠡。

每天都有人来拜谢。

每来一个老人，范蠡就和他们拉拉家常，老人们把自己种的新鲜蔬菜带来让范蠡尝尝鲜。

西施看到范蠡精神特别好，心里高兴。

"先生，做一个好人真幸福。"

"西施，在这个乱世中，我其实很敬佩一个人。"

"能让先生敬佩的，那是何等人物？"

"鲁国的孔子。"

"他打仗、做生意，可能都不及先生吧。"

"打仗做生意那些都是小技。天下安，须人心安，孔子是安天下人心的人。关于做好人，他曾说'仁者寿'这一断语。我为陶地人做一点好事，得到这么多快乐，快乐不是让人长寿吗？"

"先生，我不太同意孔子的话。世间，许多好人短命，坏人却逍遥。伍奢，死于非命；楚平王，一生不也很好吗？"

"好人，追求利己，但也利人；坏人，追求利己，却不利人。好人并不是要放弃自己的正当利益，如果这么做好人，一味吃亏，反而不如坏人开心。坏人，心中没有善，所以也无法体验失善的痛苦和行善的快乐，孔子的话不适合他们。好的时代，是好人和好风气占上风的时代，反之便是不好的时代。当今之世，尚奸使坏，生灵苦痛。孔子呼唤'仁爱'，终是人世间该有的状况。"

"当好人遇到坏人怎么办？"

"孔子说，以德报德，以德报怨。"

"孔子的话，是有道理。"

"可是，在这个打打杀杀的时代，他的声音太微弱了，人们听不到他的呐喊，他太孤单了。"

"先生后半生做了那么多善事，就是在实践孔子的话吗？"

"不谋而合。"

范蠡吃的比以前多，笑声也比以前多。

玄子出去一个多月了。

秋天来了，天气变凉了。

范蠡夜晚睡不着，坐在园子里看月亮，西施几次催促，他也不回来。范蠡突然咳嗽了几声，西施强行让他回到卧室。

范蠡还是着凉了，老年人，一点病痛都是致命的。西施请来大夫，开了一服药，西施忙着熬药、喂药。

范蠡下不了床了，他时常问："玄子回来了吗？"

"快了，快了。"西施安慰。

玄子真的回来了。

范蠡的眼睛突然有了神。

"玄子，你讲。"

"先生，让他吃点饭吧，他饿着呢。"西施说。

"让他边吃边讲。"

"先生，老夫人二十年前就去世了。"

范蠡老泪纵横。

玄子不知所措，西施说："让他哭一会儿。"

"先生，人终有一死，老夫人享尽了天年。她在世时，受到了楚国官府的厚待。因为先生在越国的出色表现，灭掉了吴国，为楚国人报了大仇，楚国人视先生为英雄，政府和老百姓都尊重老夫人。"

范蠡有一丝欣慰，问："老母去世时可留下什么话？"

玄子看看西施，怕又惹范蠡伤心。

"你如实说吧。"西施说。

"老夫人弥留之际，交代长子，如果范蠡回来，告诉他，去坟上看看她。老夫人还说范蠡是个孝子，不是小孝，是大孝。老夫人死时，不停地用手摸，不知摸谁。"

"我哪里尽了什么孝道？"

"先生，我应你的吩咐，修缮了老夫人的坟墓。每年清明，都有很多人祭祀老夫人。"

"我的哥哥嫂嫂怎么样了？"

"都还健在，只是身体不太好。先生的侄儿，也有孩子了。侄孙，勤奋苦读，学业有成。"

范蠡露出悦色。

"我回到村庄，邻里知道你还健在，让我带来许多鸡蛋鹅蛋什么的。"

"村旁的小河呢？"

"上面修了桥，名为'蠡桥'。"

"我多想去桥上走一走，这具残躯拖累了我。西施，你问吧，我知道你也等急了。"

玄子看看西施。

"夫人，您的父母也都故去了。"

西施照样一场哭，说："我虽然知道他们都不在了，但听到这个消息，还是让人受不了。"

"夫人的弟弟一家平安。"

"越国如何对待我的家人？"

"如同以往，没有什么变化。"

"我西施里外不是人，吴国人骂我，越国官府冷淡我。"

"但当地百姓十分怀念夫人，他们以为夫人已死，时常祭祀夫人。"

"有这一点，我欣慰了。"

范蠡说："老百姓有他们的历史记忆方式，那就是口耳相传，西施必然不朽。西施爱国，就凭这一点不朽。"

西施说："玄子，你辛苦了，好好休息去。"

"夫人，我是孤儿，从小跟先生学算命，后又追随先生，没有先生，就没有玄子的一切。我今天有妻子，有儿女，住有房，行有车，我一生对先生和夫人感恩不尽。"

范蠡还是时常让玄子给他讲故乡的见闻。

但，不久，他的咳嗽声明显变多了。

范蠡交代玄子："建一个双墓坑的大墓。"

玄子明白了，范蠡是在为自己准备后事。

"先生，有何要求？"

"你懂风水学。要朝阳，墓前要开阔，我一生喜爱山水。"

玄子绘制图纸。范蠡看了后，吩咐墓的前后种上松竹。

几个月后，大墓建成。

这一切都是瞒着西施做的。

这几天，范蠡精神突然特别好，西施很高兴，但范蠡知道这是死前的回光返照。

"西施，我们出去走走。"

"好啊，先生身体能受得住吗？"

"过几天，我就不用这身体了。"

远远看见一座新而高大的坟。

"先生，陶地最近谁死了？"

"不知道，去看看。"

两人来到坟前，范蠡来回反复地看了几遍。

"先生，这坟怎么没有碑文呢？"

范蠡笑了，说："我正在构思啊，夫人，这是我们永远的家。"

西施一惊。

"先生，我还是受不了你的豁达。"

"人终有一死，死就是回家，我们在世上的家搬来搬去，这个家不用搬啦。夫人，不要伤心，哪有回家还伤心的呢？我在这里等你，你别怕我孤单，你在世上多待会儿。"

几日后的深夜，范蠡病情加重，对西施说："我本是修道之人，深信万物来源于道，终归于道，我能平静应对死亡。我一生享荣华，得巨财，位极人臣，富可敌国。别人渴望之物，我尽有之。权力、金钱，我弃之如芥，唯一不舍便是你。我死之后，你要好好活着。

"别担心我在九泉下的寂寞，我们终有相会的一天……"

范蠡平静死去。

范府哭声一片。

陶地的老百姓听说陶朱公去世，伤心异常，大家自觉前往吊唁帮忙。

灵堂之上，赫然写着"范蠡先生千古"。两边有副挽联：出将入相终是隐士本色，钟鸣鼎食不失慈悲胸怀。

陶地老百姓这才知道，陶朱公原来就是从越国消失的范蠡，大家惊讶慨叹。

西施还没有范蠡已死的意识，她只觉得他出了一趟门，一会儿还会回来。再加上身边人来人往，还算比较平静。

停尸数天后，范蠡归葬。

闲人散去，西施忽然觉得少了什么，抚摸着范蠡送给她的玉佩，整夜未眠。

天地无情，此时正是春方好。

春眠不觉晓，又加上连日劳累，范府的人睡得很沉。

清晨，玄子起来，发现大门已开。也没太注意。吃早饭时，侍女来报，老夫人西施不见了。

范府开始紧张起来。

范凯吩咐家人去找，河边村头皆不见人影。

玄子忽然想起什么，对范凯说："去先生坟上看看。"

大家突然醒悟。赶到坟头，见西施蜷缩在坟前，冻得瑟瑟发抖。

大家流着眼泪，要把西施扶回。西施不愿，不停地说："你们把他一个人放在这里，太孤单，我要陪他。"

当晚，有侍女看住西施，西施一夜无眠，不停地说："我在家里睡不着，你们这样会害死我，我在坟头可以和他说说话。"

范凯不知如何是好，叫来玄子商议。

"老母如此固执，如何是好？"

"只有在坟边盖上茅舍，让人日夜服侍她。"

范凯只好同意这么做。

西施在坟边的茅舍住下，夜夜睡得香甜。白天，西施会到坟前嘀嘀咕咕说一通话。

山花烂漫，西施拄着拐杖去山上摘一些花，插在坟郑范蠡公园，然后开心地笑了。

春天去了，知了声声。

一天黄昏，侍女发现西施在范蠡墓前睡着了——永远地睡着了。

西施和范蠡合葬在陶地的青山绿水之间，天长地久。

附 录

西施出生地的传说

　　关于西施出生地在诸暨之说，早在唐代诸暨南就建有西施殿，书圣王羲之在西施浣纱江边留下了"浣纱"两个遒劲的大字。著名历史学家谭其骧教授主编的《中国历史地图集》中也标明诸暨苎萝山，一座小丘成为名山，我想大概与西施有关吧。《辞海》云："一作先施。又称西子，姓施，春秋末越国苎萝（今浙江诸暨南）人。由越王勾践献于吴王夫差，成为夫差最宠爱的妃子。传说吴亡后，与范蠡入五湖而去。见《吴越春秋》《越绝书》等，明梁辰鱼据此故事编为传奇《浣纱记》。因西施绝美，故后以之称美女。"

　　公元前494年吴越交兵，越败于吴，越王勾践被迫屈膝求和，携妻将臣入吴为质三年。勾践归国后，发誓洗刷这一奇耻大辱，采纳范蠡、文种等人建议，发展经济、训练军队等，并向吴王夫差进献美女，以麻痹和消磨他的意志。范蠡几经寻觅，终于在越国古都诸暨南"得苎萝山卖薪女西施"。西施，姓施，名夷光，"父鬻薪，母浣纱"，西施幼承浣纱之业，故世称"浣纱女"。勾践选到西施后，献于吴王，吴王大悦："越贡西施，乃勾践之尽忠于吴之证也。"从此沉湎于酒色不能自拔，越国却上下一心，励精图治，终于雪耻。后人为纪念这位忍辱负重、以身许国的绝代佳人，在苎萝山下修建了西施殿，历代诗人对西施咏赞不止。

　　南北朝诗人庾信诗曰："长思浣纱石，空想捣衣砧。"唐诗人宋之问诗曰："西施旧石在，苔藓日于滋。"李白诗曰："未入吴王宫殿时，浣纱古石今犹在。"女诗人鱼玄机又有《西施庙》诗云："只今诸暨长江畔，空有青山号苎萝。"这些是目前能见到的关于西施殿的较早文字。有大批文人骚客记游，对着江边那块西施浣纱石，感慨万千。作家郁达夫于1933年写了《诸暨苎萝村》一文，记录他游西施庙的情景，还写下了"浣纱旧迹我重题"的诗句，而今日气度不凡的西施殿是在1986年奠基重建的。

关于西施出萧山临浦之说，北宋欧阳忞《舆地广记》说："萧山本余稽县……越人西施出于此县。"南宋嘉泰《会稽志》在萧山县有"谚云：牛头、苎萝，一日三过"，指出西施出生地为苎萝乡，在县城东南二十里。明代学者来斯行在《槎庵小乘》中说："西施实生于吾萧，今萧山有苎萝乡。"明代嘉靖《萧山县志》（天一阁藏本）："苎萝山在县南二十五里，属苎萝乡，下有西施宅。"清代毛奇龄《九怀词·苎萝小姑》："西施住萧山之苎萝村……施亡后，乡人思之，为立祠溪旁，以其为乡所出。女名小姑神……宋淳熙年敕封为土谷神，曰：苎萝村土地西施娘娘。"

20世纪80年代初，我看到"西施故里在萧山"的报道，疑窦顿生，开始收集有关史料，还专程沿着西施北上之路进行实地考察。诸暨的南面几乎很少有西施的传说，这大概同西施由诸暨北上入吴时，沿途停驻过的地方有关。在途经之地如诸暨钱池、萧山临浦、绍兴、德清新市、嘉兴、苏州、吴县等都留有西施文物遗迹。诸暨西施殿因建医院，在大跃进年代被拆除。华东师大楼昔勇教授当年曾在那里工作过，他说西施殿有尊元代铁铸西施娘娘像，因太大了，大炼钢铁时无法熔化，被推到山沟里。1958年胡耀邦在诸暨主持共青团会议，曾询问西施遗迹，并乘手划木船，在苎萝山脚摩崖石刻寻找"浣纱"字迹。他见到"浣纱"两字很高兴，说"不会错，就是这两个字"，并指示要保护好古迹。

早年我看到江边有个古亭，"浣纱"两个描红大字，我曾亲手抚摸过，像是王羲之所书，但其他遗迹荡然无存，很是伤感。而后，我又北上到临浦西施庙，那是座清代古建筑，虽说有点破旧，

附
录

209

但保存完好，庙内供奉新塑的西施像，见有妇人进香求子。我猜测西施北上在此遭遇大风浪，故在此停留了较长的一段时间。萧山乡民对西施十分热爱，将其认作故里人，表明西施早已在古越人心中是难以割舍的了。

西施归宿之谜

中国几千年来，美女何其多也，然而因时运乖蹇终被埋没者又何其多！在以严肃信实著称的《史记》中，《越王勾践世家》与《货殖列传》都写到了越国重臣范蠡，但唯独没有关于西施的叙述。司马迁为何对这个在当时政治进程中起过重要作用的女子西施只字未提？令人费解。《左传》《国语》里也没有写到西施，这致使后人质疑西施的存在。

上述史书中没有记载，并不等于西施在历史上不存在。我们在先秦诸子著作中，多次与西施谋面。比如《墨子·亲士篇》说："是故比干之殪，其抗也；孟贲之杀，其勇也；西施之沈，其美也；吴起之裂，其事也。"这是最早提到西施名字的史料。此外，在《庄子》《孟子》《荀子》《韩非子》等书中也出现过西施的名字，在《庄子》中三次提到西施，其中"东施效颦"的故事更是家喻户晓，可见西施确有其人。

后世对一代佳人西施最终是生是死的结局，众说纷纭。归纳起来，主要有两种说法：或是被沉于江，或是跟随范蠡归隐于五湖。

沉江说：西施极可能是被沉江而死。《史记》清楚记载，范蠡离开越国后，带领全家人来到齐地，"耕于海畔，苦身戮力，父子治产，居无几何，治产数十万"。在这里，根本没有西施的影子。

吴亡后，足智多谋的范蠡深感自己处境堪虞，遂采取隐退之策。据东汉史籍《吴越春秋》记载：范蠡在给文种的信中写道：鸟尽弓藏，兔死狗烹。越王此人，可与他共患难，不可共安乐。他在一片复国成功的欢呼声中向越王告辞，不顾越王威逼利诱，毅然乘一叶扁舟，独自飘然而去，西施并没有跟随在他的身边。

相传勾践灭吴后，他的夫人偷偷让人骗出西施，将石头绑在西施身上，而后沉入大海。《东周列国志》称："勾践班师回越，携西施以归。越夫人潜使人引出，负以大石，沉于江中，曰：'此亡国之物，留之何为？'"

抛开民间传说不谈，《墨子》里明白地写着"西施之沈，其美也"，这道出了西施的死因。"沈"在古代就是"沉"的意思。这句话是说西施是被沉于水中的，她的死是因为她的美丽。墨子（约公元前468—376）出生于春秋末期，距越国灭掉吴国（公元前473年）时间最近，当时很可能耳闻的关于吴越的史事逸说中包括西施惨烈的死，他的记载应是更接近历史真相的。

东汉赵晔《吴越春秋·逸篇》中说："越浮西施于江，令随鸱夷而终。"鸱夷，是皮革制成的口袋。越国将她装入皮袋，投入江中，使其在江涛中漂流直到沉没。

孟子曾说："西子蒙不洁，则人皆掩鼻而过之。"（《孟子·离娄下》）这句话告诉人们，西施之死与其"蒙不洁"有关。越国在事前，只是把西施当成是实现"阴谋"的一颗棋子，在事后，没有把她当作功臣，而是认为失去女人的贞操，便把她作为一个"蒙不洁"的罪人给沉杀了。在文人墨客的诗词中，对西施被沉江而死也有很多描绘。皮日休诗云："不知水葬今何处，溪月弯弯欲效颦。"

泛湖说：范蠡带着西施泛舟五湖隐居起来，这种说法十分流行。最早见于东汉袁康的《越绝书》："吴亡后，西施复归范蠡，同泛五湖而去。"这是说范蠡与西施，离开了越国，来到了理想的乐土，过上了美满的生活。明代胡应麟的《少室山房笔丛》也有类似说法，认为西施原是范蠡的情人或妻子，吴国覆亡后，西施跟随范蠡隐居。明代戏曲作家梁辰鱼的《浣纱记》也详细描绘了这段历史。

民间还流传这样的说法：姑苏城破，吴国灭亡之时，西施的恋人范蠡匆匆来到吴宫深处，将西施救出，从水道进入云雾霭霭的太湖。远离政治斗争的漩涡后，范蠡化名陶朱公，经商致富，与西施过着美满的生活，福寿双全而终。古人的诗词中也有很多描述。李白《西施》诗云："一破夫差国，千秋竟不还。"苏轼的《水龙吟》词里也写道："五湖闻道，扁舟归去，仍携西子。"杜牧《杜娘诗》诗云："西子下姑苏，一舸逐鸱夷。"

尽管后来关于西施和范蠡的故事有虚构的成分，但她对越国的贡献不可磨灭。人们同情、热爱善良美丽的西施，敬仰足智多谋、功成身退的范蠡。人们不愿意看到这么美好的女子被推到湖中淹死，于是传出了泛舟同游江湖的故事。如此一来，吴国灭亡后，西施与范蠡也就成了一个才子与佳人的爱情故事，并且有了一个"有情人终成眷属"的大团圆结局，这也是景仰英雄爱慕美人的大众最愿意看到的喜剧。

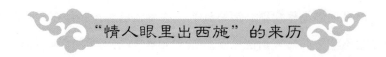

"情人眼里出西施"的来历

"情人眼里出西施"这句话，最早可能出自明代西湖渔隐主人《欢喜冤家》第五回："他眼也不转看着元娘，越看越有趣，正是情人眼里出西施。"《红楼梦》第七十九回里也有此语香菱笑道：

"一则是天缘，二则是'情人眼里出西施'。"茅盾在《恋爱与贞洁》文中指出："中国有句成语'情人眼里出西施'，这真是一句不朽的金言。"

茅盾所说的这句"不朽的金言"，确是饶有意味，一是它唯独选择西施作为美的象征，二是它点出了"西施"的奇妙魅力。"情人眼里出西施"表达了一种审美经验，这是审美过程中移情作用的表现，审美主体将自己的感情向审美对象方向转移，从而使审美对象在审美主体心目中就带上了主观感情色彩，即使是一个姿色平平的女子，在其情人的眼里也会像西施一般楚楚动人。这虽然显示出移情审美存在着片面性，但恰恰符合人之常情。这种移情审美，在古今中外的艺术作品中亦屡见不鲜。中国古代的诗词主张主客观的统一和情景的交融，《文心雕龙》中的名句"登山则情满于山，观海则意溢于海"，明显倾注了人对自然景物的真切感受。

"情人眼里出西施"，从民俗学的角度来看，人们已将西施抽象成为美好事物的代表，演绎出一种西施文化现象。西施具有"沉鱼落雁"的美貌，水中的鱼儿看到她的惊艳容貌，都感到自愧不如而沉入江底；在国难当头之际，西施又有忍辱负重、以身许国的勇气；加上功成而被投入江湖的悲剧，深得民众的同情和爱戴。这些都使西施形象得以升华，成为一种崇高完美的象征。中国四大美女中，唯有西施拥有一种文化精神和历史担当，故西施成为大众的"情人"也在情理之中。

越国一个普通的农家女子西施，被一场吴越之战，推到风口浪尖上，西施是幸运的，也是悲哀的。中国古代常有把亡国的原因归结于女子的记载，这种陈腐的"女人祸水论"在当时就受到人们的批评。

在春秋战国激烈的政治斗争和军事斗争中，各国为了达到削弱对方的目的，以选送美女作诱饵迷惑敌人是常见的事，女子永远是

附

录

悲剧的承担者。取胜了，是男人的功劳；失败了，女人往往被视为祸水，西施就是政治斗争的牺牲品。

历来咏西施的诗篇多把亡吴的根由归之于女色，客观上为统治者开脱或减轻了罪责，这显然是不公正的。唐代诗人崔道融《逛西施滩》云："伯嚭亡吴国，西施陷恶名。浣纱春水急，似有不平声。"他把吴国之亡归咎于吴国的权臣，一翻西施亡吴旧案。晚唐诗人罗隐诗云："家国兴亡自有时，吴人何苦怨西施。西施若解倾吴国，越国亡来又是谁？"这首诗也反对将亡吴的罪责强加在西施身上，质疑并否定"女人是祸水"的论调。北宋政治家王安石也曾为西施鸣不平，他在一首诗中写道："但愿君王诛宰嚭，不愁宫里有西施。"

亡国与权势者（君王及谋臣）本身有直接的关系，在男人为中心的社会，女人怎么会导致一个国家灭亡呢？鲁迅曾对"女人亡国论"予以辛辣的讽刺，他说："我一向不相信昭君出塞会安汉，木兰从军就可以保隋；也不相信妲己亡殷、西施亡吴、杨贵妃乱唐那些古老话。我以为在男权社会里，女性是绝不会有这么大的力量的，兴亡的责任，都应该由男的负。但向来男性作者，大抵将败亡的大罪，推在女性身上，这真是一钱不值的没有出息的男人。"鲁迅的话真是鞭辟入里。

当代学者南怀瑾先生又有"别裁"之论，他说："西施到吴国只知道'去侍奉一个外国人'，可得些钱孝敬其父。因此吴人说她坏，越人说她好，好坏莫辨，这是春秋无义战的派生论的翻版，并不新鲜。但我以为，一介村女，已知爱国爱乡就很了不起了，如果让她当个贤德的吴妃去帮助夫差，那不成了叛徒？时下西施也被翻了出来走上荧屏，不过我劝观众在看此类剧的同时，不妨浏览一下史籍，不要忘了西施的本来面目。"

自古以来世人对西施有种种传说和评议，在笔者看来，美丽无比的西施心怀报国之志，担负起拯救国家的重任，实在是可歌可泣。为此我曾撰写《五律·咏西施》一阕："越艳夸天下，西施更绝伦。人徒工媚笑，尔独敢含颦。报国宁为己，沉江岂惜身。浣纱非祸水，旧史应重伸。"是的，西施所蒙的所谓"不洁"以及"祸水"污名，我们真该彻底为之荡清洗净才是！

解读美女间谍西施

《聊斋志异》作者蒲松龄，有一副自勉联。上联是，"有志者，事竟成，破釜沉舟，百二秦关终属楚"，说的是"楚汉相争"时，楚霸王项羽的故事；下联是，"苦心人天不负，卧薪尝胆，三千越甲可吞吴。"讲的是"吴越春秋"时，越王勾践，忍辱负重，艰苦奋斗，复兴越国，灭亡吴国的故事。

为了复国，越王勾践不仅卧薪尝胆以身作则，而且还采纳大夫文种的建议，培训、选派了西施、郑旦等美女送给吴王夫差，扰乱了吴国的国政，才给越国以喘息的机会，东山再起，反攻复了国。这就是历史上最著名的"美人计"。

《女聊斋志异》从《吴越春秋》《吴地记》《越绝书》《瑯环记·采兰杂志》四种书里节选下几个片段，为我们展示了编辑者心目中的西施形象。

中国古代四大美女，西施、王昭君、貂蝉、杨玉环都可算得上是统治者维持统治的工具了，落雁王昭君，出塞嫁给少数民族首领，实施了汉统治者的和亲政策，当上了和平使者，虽然是外交工具，却也千古流芳！下一讲就单独说她，这里从略。其他三位，都可算得上是间谍。《女聊斋志异》虽然没有选"貂蝉"的故事，但大家都了解她，我就不说了。杨玉环，也是位有间谍嫌疑的美女，以后再单独说她。女间谍中大部分人都运用自己的色相。

说说西施、郑旦，因为长得好，被越王选中，经三年培训，派往吴国充当乱国淫娃。终于越王胜了，吴国灭了，勾践如愿以偿了。

俗话说，"卸磨杀驴"。"飞鸟尽，良弓藏；狡兔死，走狗烹！"范蠡的明智感叹，真是千古名言！《吴越春秋·逸篇》说："吴王败，越浮西施于江，令随鸱夷以终。"就是说，"美人计"的决策者勾践，灭吴后，将他派出的女谍西施装进皮质的口袋而沉入江中。《墨子·亲士》也说："比干之殪，其抗也；孟贲之杀，其勇也；西施之沉，其美也；吴起之裂，其事也。"是说，比干死于抗直，孟贲死于勇力，西施死于美貌，吴起死于事功。西施因天生丽质，被物色为女间谍，最终得到个"沉江"结局。

《女聊斋》节选《越绝书》的说法："西施亡吴后，复归范蠡，同泛五湖而去。"表现了编选者的心愿，也符合中国大众的喜剧心理：那就是都希望好人有个好结果，都盼望"有情人终成眷属"，爱情故事有个大团圆结局。《越绝书》等书的良好愿望，也导致后世许多书籍和文学作品都让西施随范蠡泛五湖，去经商。但，事实呢？

关于西施最后的结局，古代资料多有分歧。我同意《墨子》和《吴越春秋》中"沉江"的说法。

墨子约生于公元前468年，卒于前376年，越灭吴在公元前473年。墨子生活时代离吴越争霸的时代近，所以他的话可信度高。

范蠡明确"大名之下，难以久居"，决定离越，并劝文种也退隐，说："越王为人，长颈鸟喙，可以共患难，不可与共乐！"可见，他对勾践的性格看得很透！对某些统治者本质看得很清楚。把西施沉入江中，符合勾践阴狠歹毒的本性，符合他那样刻忌寡恩，擅杀有功之人的一贯作风。在他那样的统治者看来，世上万物都是他手中的工具，有用时求贤若渴，别说"三顾茅庐"了，就是八进茅房，溜须添眼子，牵马坠镫，他都在所不惜；用不着时，拿你当臭狗屎，望而生厌，弃之如破鞋。

施用"美人计"，往往是男人们沦落到无望无助时，采用的最无能的、最卑劣的伎俩（当然，女人们自己有时也把这"美人计"当作法宝，在猎取名誉、地位、金钱无招时祭起，杀伤力很大）。男人们的心理，不允许让自己最无能最卑鄙的历史留下痕迹！所以，"美人计"成功之时，便是美人们命绝之日。

所以，西施是被勾践沉江的！

俗话说："好人没有好报，忠臣不得好死。"历史上，伍子胥也是个不得好死的忠臣之一。

范蠡把自己的未婚妻西施以及郑旦等美人送到吴国，夫差自然高兴，还夸奖勾践对他忠诚，可偏偏有个吴国的姓伍名员字子胥的大忠臣出来阻止。

提起这伍子胥，就是那个"一夜愁白了头"的人。他是春秋时楚国人，他的父亲伍奢、哥哥伍尚，因直谏，被楚平王所杀。他夜行昼伏，投奔吴国。到了楚吴两国交界的昭关时，想不出逃出边界的办法，而一夜就愁白了头。昭关位于现今安徽含山县的小岘山，这个地方两山对峙，是唯一一条交通要道。楚国在画影图形捉拿他，他没有别的路可走，着急呀！所以有句成语："伍子胥出昭关，一夜愁白了头。"一夜之间满头白发的伍子胥，终于没被认出，混出国界。那时没有染头发的，谁能料到人的情绪对生理的作用这么大！昭关，这个地方不知有没有伍子胥的纪念物。他一路逃走时，没钱吃饭，就靠吹箫乞食。后人常用"街头吹箫、吴化乞、伍员箫"等指流浪漂泊、生活困顿的情况。他帮吴国兴盛起来，攻入楚国，要报父兄之仇，可楚平王已死，仇恨不能发泄，就掘开楚平王的坟墓，拉出楚平王的尸体，用鞭子抽打三百下，后人就用就是这个伍子胥，感谢吴国帮他报了家仇，对吴国忠心耿耿。他先效忠吴王阖闾，阖闾死后，又辅佐阖闾的儿子夫差。以自己的赤胆忠心，刚直不二，经常劝谏夫差。越王勾践失败请和时，夫差不听他的劝谏，放走了越国君臣，放虎归山。这不，越国使用"美人计"，被伍子胥识破，反复给夫差讲"女人误国"的道理，可夫差就是听不进去。

伍子胥是怎么说的呢？他先开门见山，直接表明自己的看法："不可，王勿受也！"接着发议论，为什么不可接受这两个美女。"五色令人目盲，五音令人耳聋"，这是比、兴。接着用典"昔桀易汤而灭，纣易文王而亡"，以史实为论据论证，结论："大王受之，后必有殃"！

第二层，从勾践勤奋读书、养兵，服诚行仁、听谏进贤，身体严酷等三方面，说越国勾践这个人的志向不小，这个人有阴谋。论述他送美人来，也没安好心！这个人不死，一定是咱们的死对头。用对方眼前的行为当论据论述。

第三层，用贤士与美女进行对比论证。说贤士是国家的宝贝，美女是国家的灾祸。"贤士，国之宝"，是扣二层，越王勾践相信诚恳的话，行仁政，听服忠贤的谏言，任用贤士等来说明越国有宝治国之宝。当然也无形中说自己等人忠心耿耿，也是吴国之宝。"美女，国之咎"，又扣到主题上，再次明确表明论点，接着又举夏商周三代的灭亡都是因为女人的史实，证明"美女，国之咎！"

"夏亡以妹喜，殷亡以妲己、周亡以褒姒"，这三个亡国之妖后，最熟悉的是苏妲己。先介绍一下妹喜。她是夏桀的妃子。夏桀征伐有施氏获胜，有施氏便将女儿妹喜献给桀，桀十分宠爱妹喜。而这妹喜与商汤的贤相伊尹内外"勾结"，妹喜媚君祸国，导致了夏朝的灭亡。妹喜应当算历史上有案可查的第一个著名的女间谍。妲己算第二个。

再看褒姒，她是西周末代君主幽王的宠妃。幽王伐有褒氏获胜，有褒氏把女儿褒姒献给幽王。得到宠爱，生儿伯服，陷害太子宜臼，使幽王逐走太子而立伯服，太子出奔到申地，申人、山东、河南等地的人联合西戎讨伐幽王，西周灭亡。这褒姒是战败者的女儿，搞的是宫廷内部的争权夺位，以致亡国，不能算间谍。

结果，伍子胥白费口舌，"吴王不听，虽受其女"。

这伍子胥，一看君主不听自己的，就拿出中国传统的忠臣的做法，"文死谏，武死战"，你是武将，带兵出外打仗，你就该战死沙场；你是文臣，就该在朝廷上，劝谏君主，死而后已。于是，伍子胥"请先死"！夫差听信太宰嚭的谗言，竟然赐子胥自杀！子胥对门客说："我死之后，把我眼珠挖出来，挂在吴国的东门上，让我看着越国攻入，武国灭亡。"九年后，越国灭吴国。后人用"子胥抉目""伍胥抉目""悬门抉目""抉眼"等，表示以身殉国、忠心不死，或指忠贤横遭残害。

《太平广记》说：子胥临终嘱咐其子，将其尸体投入江中，说要"朝暮乘潮以观吴之败"。从此，从海门山，潮头涛高数百丈，越过钱塘鱼浦，才渐渐低小。早晚两次，声音震天怒吼，雷奔电走百余里，经常看到伍子胥乘素车白马在潮头之中，因此，人们立庙来祭祀他。后人遂用"伍胥涛""胥涛""伍员涛""伍子涛""子胥涛""子胥潮""白马潮""胥门浪""胥浪""白马素车"等指钱塘潮，也泛指汹涌澎湃的波涛怒潮，以"灵胥""伍胥神"等指涛神。

从"悬门抉目""素车白马"看，伍子胥人死心不死，是关心吴国——他效忠的这个诸侯国的命运——感叹，还是怨恨昏君不听忠言，以致灭国——活该，还是憎恨太宰嚭受贿误国——切齿？我看这位忠臣，这会儿的心理是复杂的！真是生有时，死有地！同样的忠臣，他的父兄在楚国因直言被杀，他逃到吴国，又因直言被逼自杀！"信而见疑，忠而被谤，能无怨乎？"

伍子胥老前辈，你死得冤，死得不值！您怀着一颗报恩心，尽心尽力也就是了，这又不是您的祖国！您的祖国，您都背叛了！又何必对"恩国"尽如此之"愚忠"呢？您既然尽"愚忠"，以死为谏了，又何必发那样的"恨怨"，看着吴国灭亡呢？

俗话说"眼不见，心不烦"，可您谏死了，还要看，一看心里可不就烦，一烦，您就心潮澎湃，您就白马素车，您就雷奔电走，您就震天怒吼！

"既有今日，何必当初"！何不就让楚平王把你也杀了？当初既然选择去国离乡，寻找明君！今日为何又愚昧地效忠一个昏君？为何不能再来一个出逃，既然把儿子送到齐国避难，那您为何不也留在齐国，或寻找其他国家的明君呢？这样的名相、忠臣、孝子，哪个国家不欢迎，哪个国家的百姓不拥护呢？

越国上将军范蠡从楚国跑到越国来与越王勾践共赴国难，与文种一起为勾践定下复国兴邦大计，并身体力行，协助勾践灭了吴国，可谓功莫大焉！但他又是个识人的大才，他在与越王勾践的接触中，清醒地认识到勾践这个统治者卑鄙残忍的嘴脸，能够舍弃虚幻的名利，毅然决然功成身退，是真正大智慧者！

"伴君如伴虎"，整天战战兢兢，如履薄冰！伺候明君尚且如此，何况越王勾践这种忌才量小、用着人时朝前、用不着人时朝后的君主呢？创业时，把你当宝贝，予以重用，希望你立功；工作时，希望你发挥才能，有所建树；天下太平守业时、享受时、喝酒时，你就碍眼了，君主就希望你消失。对待这样只能共患难，不能同享受的君主，只能这样：证明了自己的价值后，就应该退出庙堂，隐逸山林，为自己去活了。没必要把自己捆绑在君主的脚趾头上，当走卒，当走狗。

"是金子，在哪里都会发光！"上将军范蠡，从官场上悄然隐退，"下湖"经商。越国少了一个"愚忠"冤鬼，历史上多了一个"陶朱公"——经商致富的典范。我不知道，我国改革开放后的"下海"这个词，出自哪里，但和反蠡弃政经商"下湖"的内涵一致，只是出发点不一样。范蠡是为了躲避君主擅杀，不得已才隐姓埋名，泛五湖经商的；当代人"下海"或是为了挣大钱，或是为了实现自己的价值，才弃政的！

　　范蠡不仅是复国将军，而且也是治国贤相，是军事家，也算得上经济学家，是位理论联系实践的成功商人。越王勾践是自毁长城，自取灭亡！

　　范蠡"下海"后，自称"鸱夷子皮"。"鸱夷"是皮制口袋，他为何取这个怪名字呢？据司马贞《索隐》的解释，"以吴王（夫差）杀子胥而盛以鸱夷，今（范）蠡自以有罪，故为号也"。我觉得，司马贞的说法没有说服力。因为，范蠡没有必要为敌国的对手伍子胥的死，承担心理压力。反倒是应该为西施被越王勾践装在皮口袋里沉江而死，负有不可推卸的责任！西施这样死，范蠡罪责难逃，所以叫"鸱夷子皮"，以示赎罪！

　　《吴越春秋·逸篇》说："吴王败，越浮西施于江，令随鸱夷以终。"范蠡下海后，才叫"鸱夷子皮"的！吴国灭亡时，不会出现这个名字。所以，如果《吴越春秋·逸篇》不是后人以后人的口吻叙述这件事话，"鸱夷"肯定就指皮质口袋了，而不是指范蠡了。

后 记

自古红颜多薄命。西施本是农家女子，只是因为天生丽质，做了越王政治斗争中的工具，事成之后，"兔死狗烹"，也是情理之中的事。

西施参与吴越争霸之事不可不提。说起勾践从奴仆到霸主的曲折而又辉煌的奋斗史，也不可不提西施。这倒不是西施为勾践灭吴献上了什么锦囊妙计或立下了赫赫战功，而是因她乃勾践实施文种亡吴九术中的重要，并且是个名满天下，流芳百世的绝色美女。

西施是被越国派往吴国的，她肩负着让吴王夫差荒淫腐败，沉湎色欲与刺探吴国政治军事机密的使命，因此，被后世赞为巾帼英雄、爱国女杰……然而，若勾践复仇并未成功，吴国乃为晋、齐、鲁、楚等国所灭，西施恐怕就不会有上述美名，而很可能被正统史学家、文学家打入"祸水"的行列。

西施入吴后，夫差被她迷得神魂颠倒，春秋宿姑苏台，冬夏宿馆娃宫，整天与西施玩花赏月，鸣琴赋诗。灵岩山上有一眼清泉，夫差常让西施对泉水梳妆，他亲为美人梳理秀发。他又与西施泛舟采莲，或乘画船出游，或骑马打猎，总之沉醉于美色，以姑苏台、馆娃宫为家，把国家大事丢在脑后。伍子胥求见，往往被拒之门外，唯太宰伯嚭常侍左右。因此他所能听到的，皆阿谀奉承之声。无数史例证明，一旦到此地步，也就离垮台不远矣。

西施既然与夫差形影不离，对吴国的政治斗争、军事机密，也就无所不知，且伺机向越国传递她所得到的情报，以致被今天一些精于考证的史学家称为中国历史上的头号间谍。她挑拨吴国的君臣关系，特别是夫差与伍子胥的关系，只要稍微吹一吹枕头风，杀伤力比伯嚭说上一大堆谗言谮语不知大上多少倍，夫差赐剑令伍子胥自杀，恐怕也少不了她一份"功劳"。勾践的大军能长驱直入，直抵吴国都城，让夫差无还手之力，与西施把夫差迷得晕头转向，荒废军政密切相关。因此可以说，西施是勾践灭吴雪耻的功臣之一。明代西施祠有楹联云："越锦何须衣义士，黄金祗合铸娇姿。"便是对西施在越国灭吴中的功劳的肯定。

本书从多角度出发，对西施进行了全面的解读。从其所处的年代，时代背景，社会政治等多方面讲述，为读者呈现了一个多样化的人物。这是一本能够让人了解一代美女西施的人物传记，也是一本能够让人获益匪浅的好书。

历来，在评书、文学作品、民间传说及戏剧中，西施能作为爱国爱民、勤劳朴实、美丽动人的古代妇女形象广为传颂。特别是把西施塑造成春秋末期吴越关系史上起过重大作用的一位女性加以渲染后，西施的优美传说在民间更是世代流传不衰。